建築の営みを問う18章

建築のあり方研究会編

井上書院

まえがき

建築の企画、計画、設計、施工や建築の研究、評論、出版、教育など建築に関わるさまざまな活動に関し、その善し悪しについて議論することが多い。しかし、価値意識の共通した小さなグループの中で語られたり、酒席での感情的議論に終始することが多い。議論の中で主張されたものが実現する方向に生かされることも少ない。

一方、バブル期の無責任な企画・計画によって建設・開発されたものが、まったく使用されることなく、ただ建設・開発に要した費用の赤字や金利負担を残しただけで、それに携わった者の責任も不明確なものも多い。また、建設工事の入札における談合問題についても、抜本的かつ公正な解決方策を提示・実現できない状況にある。

このような社会的に批判されるべき事態のほかに、建築という職業に携わる者、あるいは組織の中にも、徐々に不健全とも思える状況が増加しつつある。たとえば、室崎が指摘したように、建築安全性という最も根源的な性能の確保を怠った建築や、そうした建築教育が横行しているという状況がある。また、施工の都合をまったく考えていない設計者というように、組織化・専門化された状況にあって自分の担当内容だけを考えるだけで、同じ建築をつくるために活動する他者への配慮を欠いた設計も見られる。こうした他者への無配慮という状況は、地球という環境全域への無関心から生じる環境問題とも通底している。これらの不健全な状況に共通して見られるのは、単なる技術的問題に還元されるものではなく、建築行為に関する倫理的問題である。

従来、建築に関わる倫理的問題に対して、「…はいけない」「…すべきである」等の主張がなされているが、こうした禁止的あるいは義務的声明を発するだけでは、問題は解決されるとは限らない。なぜなら、一人一人の自覚や認識が重要であることは論をまたないが、自覚や認識だけで上記の問題が解決する可能性は少なく、一人一人にとっては、「わかっているが、やむを得ずそうせざるを得ない」結果として、倫理的不健全な状況が成立しているからである。したがって、構造的・制度的な倫理的不健全状況から脱出し、「気分良く、いい仕事ができる状況をつくる」ために、われわれは、何を改善することが、最も可能性が高いか、また効果的かという解決手段を模索する問題定式化のほうが必要である。

しかし、上述のような認識自体の中にも、個人的な思い込みや偏った価値意識が混在していないとは言えない。そこで、上記の認識自体も含めて、自由な視点から分野を超えて議論し認識を深める場を設定することが必要と考えた。以上の趣旨から、「建築のあり方研究会」という研究会が組織された。二〇〇一年一月のことである。その後、東京工業大学と京都大学を基点にして研究会を重ねてきた。その一部をまとめたものが本書である。

基本的には、現状の問題を事例的に記述し、問題の構造を明確化することを試みている。そうした中で、われわれは何をなすべきかを提案するという点に重きをおいている。

こうした制度論的な議論についての学問的体系化はきわめて遅れている。本書の内容も空回り的な側面もないではない。むしろ、こうした議論が根付くきっかけとしての役割を本書が担えれば幸いである。

二〇一〇年一月

建築のあり方研究会幹事　青木義次・古阪秀三

建築の営みを問う18章――目次

1　建築生産体制の重層化が事故の一因

建築を造る組織は、分業化と重層構造化が進行している。設計は全体を受託する設計事務所の下に、意匠・構造・設備設計に分かれて下請企業に委託、さらにそれらの一部が再下請に出される。施工は元請企業の下に多くの専門工事業者が下請として入り、さらに二次、三次下請へと工事が細分化される。こうして、多くの組織間で情報伝達、意思決定等が行われることになる。その結果、必要な情報が必要な時に適切に伝わらなかったり、間違って伝わったりすることから、重大な事故が発生することがある。ここでは、実際に起こった事故が、重層下請構造とどのように関係しているかを具体的に検証してみることにする。

重層化が事故の一因となった事例

建築プロジェクトを実現するために必要となる技術は多様であり、高度なものとなってきている。そのため、それらを担当する組織は分業化され、時として下請・再下請の連鎖となり、結果として重層下請構造が形成される。この重層下請構造は施工チームに限った話ではなく、設計チームにおいても常態化している。図1はそうしたプロジェクト組織の一例である。そして、この重層化したプロジェクト組織の下で、複数の建物をつなぐ連絡橋の落下事故が発生した。

この連絡橋は鉄骨のトラス構造、床はプレキャストコンクリート板（以後、ＰＣａ板）であった。発注者は一つの組織でありながら、工区は五つに分割され、設計と工事監理はそれぞれ二つの設計組織に、工事は五つの建設会社もしくはＪＶに発注された。事故を起こした連絡橋の部分の発注者Aは地方公共団体、設計・監理は地元の建築設計協同組合Bが受託し、その業務を協同組合内の設計事務所B′に委託している。さらに、設計事務所B′は意匠設計を設計事務所B″に、構造設計を設計事務所B‴に再委託している。しかし、その役割分担は当事者間でも意見の相違があり、明確ではなかった。施工チームでは、ゼネコンCが元請として指名競争入札で落札し、その下請として計一九社が施工に当たっている。

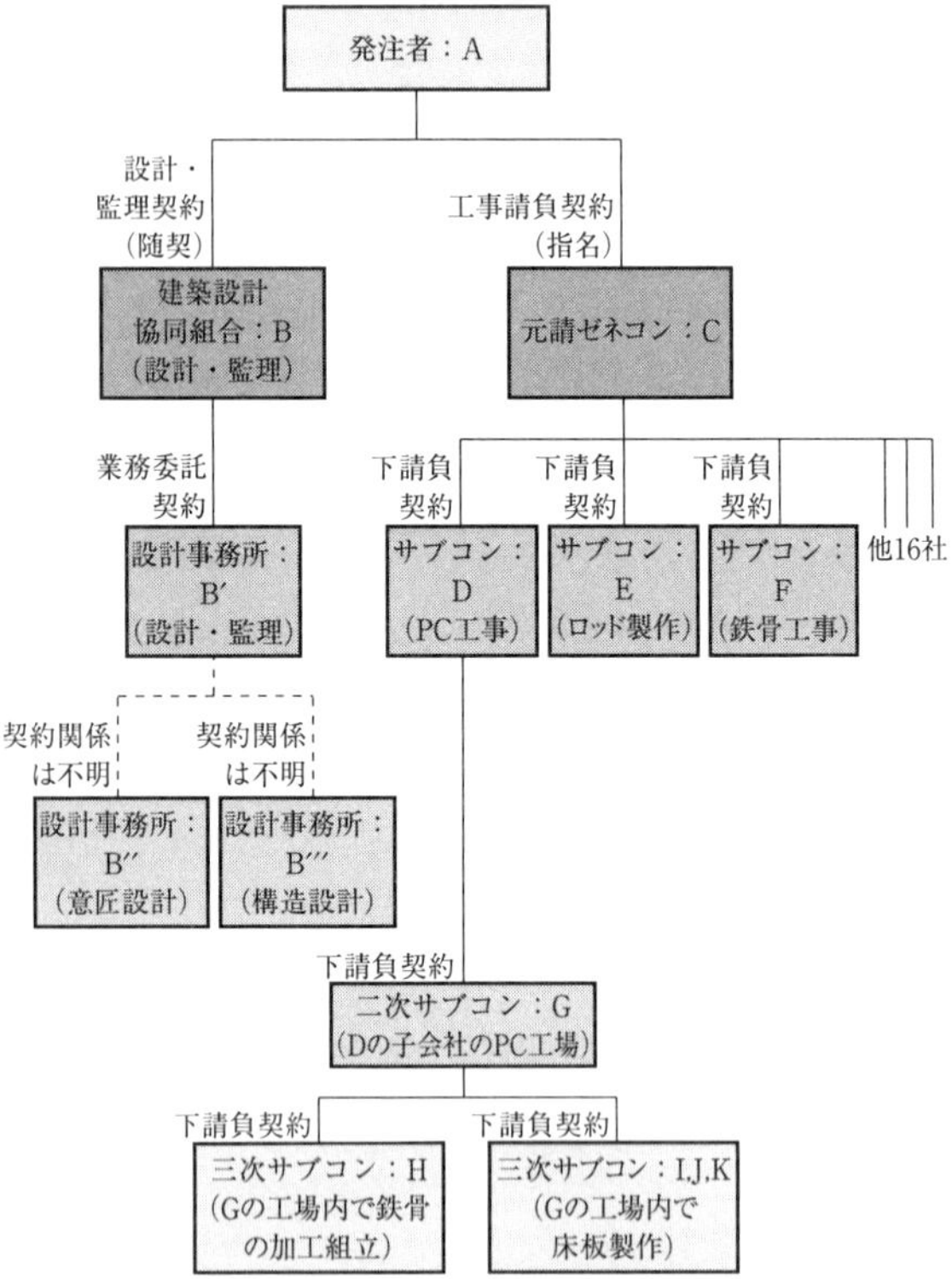

図1　プロジェクト組織図

連絡橋は、ＰＣａ床板と鉄骨および斜材ロッドの混合構造であり、それぞれ別のサブコンに発注されていた。そして、事故は次のようにして起こった。

事故の原因を探る

まず、工事発注段階で構造図は完成しておらず、構造計算書も揃っていなかった。そのため接合部の設計に関して数度の設計変更が生じ、工程の逼迫もあって明確な契約関係にない構造設計者Ｂが、ＰＣａ工事を担当する二次サブコンＧに直接指示を出さざるを得なかった。しかし、補強筋の配筋に関する設計変更は関係者間で合意されず、明確な図面としても残されなかった。二次サブコンＧも指示どおりに配筋することは困難と考え、指示にできるだけ近い施工図を作成し施工させたため、十分な補強筋が入れられなかった。これらの行為は、ＰＣａ床板の製品検査でもチェック・是正されず、連絡橋の落下事故を引き起こした。

事故に潜んだ重層下請構造の問題点

地方公共団体の発注工事は地元企業育成のため、設計、施工いずれの分野においても地元企業に発注される場合が少なからずある。発注工事の規模が、地元企業に発注する限度を上回る場合には、工事を分割して、地元企業に発注できる程度にまで工事を細分化することもある。この事例がそれに該当するかどうかはわからないが、事実として設計、施工ともに地元の企業に発注している。しかし、技術革新的要素を含む工事であること、全体の工事規模等の観点から、地元企業だけでは人的、技術的能力に不足があり、結果として、地元企業を元請としながらも、その下に技術的能力を有する設計、施工企業を配置するようになる。

　この事例の場合も、設計チームおよび施工チームともに重層下請構造の度合いが高く、プロジェクト組織が複雑なため、十分な注意を払うことが求められるものであった。特に設計チームは複雑で、連絡橋プロジェクト全体の構造担当でもあるB‴が特殊な構造を採用しているため、この事例の中では明確な契約関係にないが、直接の担当である設計者の技術力不足を補うために、構造図・構造計算書作成のための適切な支援と指示をすることが求められた。

　また、この地区一帯の景観・デザイン調整業務に当たっている意匠設計事務所B″も、当該工区に関しては明確な契約関係にないが、各主体の調整をする必要があった。もちろん建築設計協同組合Bから設計・監理業務の委託を受けた設計事務所B′は、元請の設計者として B″の構造設計の安全性を確認したうえで設計図書を作成する必要があり、監理者としても工事監理業務の一環として設計者の指示が適切か、施工者への指示が適切に実行されているか等について検討、確認する必要があった。元請のゼネコンCが下請を指導監督し、適切な施工管理を行う必要があったことはいうまでもない。

プロジェクトを一貫してマネジメントする主体の存在

地元企業育成のために、地方公共団体が地元企業に発注することの是非をここで言うつもりはない。この事例で特徴的なことは、技術革新的要素を含む工事であったこと、ならびにそれを設計・施工するチームが複数に分割され、またそれぞれが重層下請構造を編成するに至ったことである。このように組織が分割され、重層化する場合に求められるのは、プロジェクト全体を統括し、一貫してマネジメントする主体の存在である。図2を用いて簡単に説明しよう。

日本における建築生産プロセスの概略の変遷は、図2のように示すことができる。図2(中央)が伝統的方法を示したもので、図の一番上の四角が建築企画、二番日の四角が設

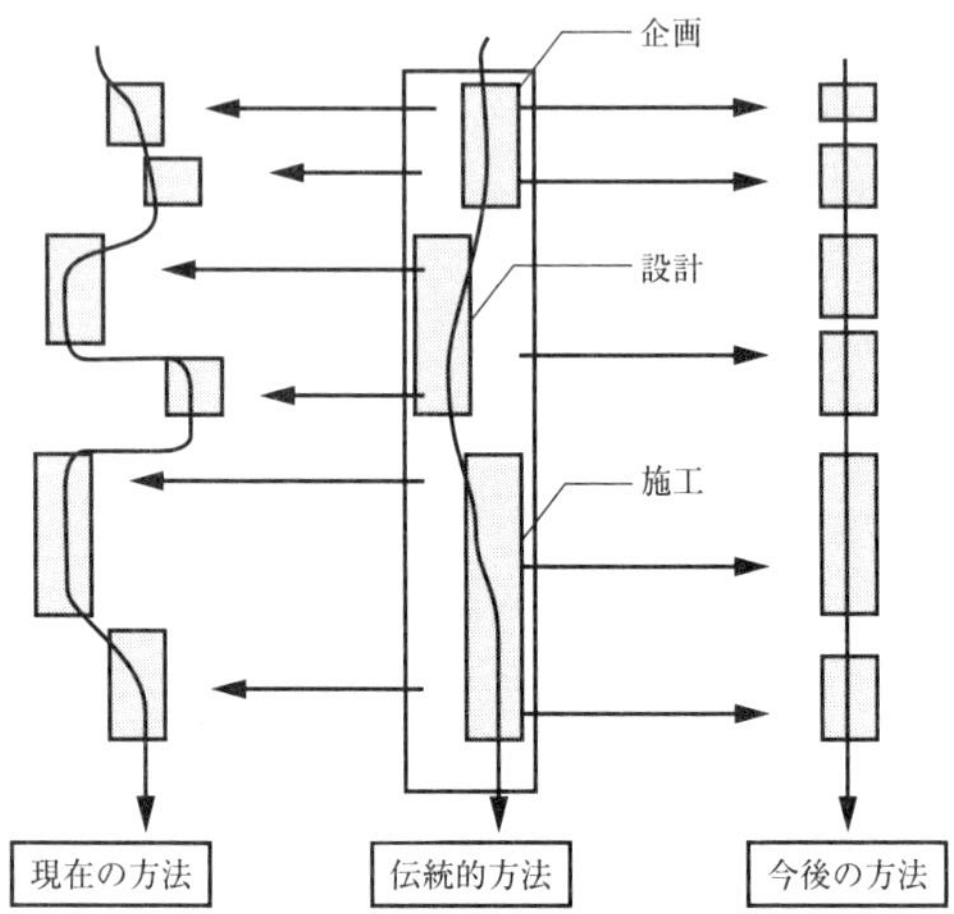

図２　建築生産プロセスの変遷

計、三番目の四角が施工とする。同図（左部）が現在の方法、同図（右部）が今後の方法を示している。

　中央の図に戻る。建築生産プロセスは、大きくは建築企画（本来の担当者は発注者）、設計（同設計者）、施工（同施工者）に分かれる。伝統的方法では、発注者、設計者、施工者の間の厚き信頼関係と相互依存関係のもとで、プロジェクトが実施されてきた。三者の間を貫くマネジメント思想が周到に用意されなくとも、相互の信頼関係と技術的選択の幅の狭さ等により、さほど大きく道を踏み外すことはなかった。またその程度の変動の先は読めていた。しかし、最近では、各プロセスが分業化、細分化され、外注ならびに下請関係を構成するようになり、設計、施工両プロセスにおける重層下請構造化が進行している。

(図2左部)分業、外注化は、その一方で全体をまとめるための考え・工夫を必要とするが、現状ではその用意は不十分な状態にある。しかも、日本企業における技術者教育は終身雇用制を前提とした教育システムを旨としていて、部分的分業化、外注化が想定されていないため、建築生産プロセス上での不整合、誤謬等が頻発する結果となっているようにみえる。要するに、システムレビュー主体が不在なのである。そのようなところに、一貫したマネジメントを行う主体として、プロジェクトマネジャー（ＰＭｒ）ならびにコンストラクションマネジャー（ＣＭｒ）が登場するようになったといえる。

(図2右部)一貫したマネジメントを行う主体は、発注者であっても、設計事務所であっても構わないし、もちろん施工者とりわけゼネコンであっても構わない。しかし、建築生産プロセスの各プロセスで、過度の分業化、外注化が進み、技術の空洞化と同時に、その主体の存在を危うくしているのである。積算を外注化するＣＭｒと設計事務所、実施設計を書かない設計事務所、諸段取りを外注化するゼネコン、直用部隊を抱えないサブコン。今求められていることは、実直にプロジェクト全体をマネジメントする主体なのではあるまいか。

2　変化する現場と将来のものづくり体制

「おみせ」と「名義人」ということばは死語になりつつあるが、建設現場のものづくり体制は、工事を一式でまとめて請ける総合工事業者（元請業者、ゼネコンともいう）とその配下で各種の専門工事に分かれて下請をする専門工事業者（下請業者）で構成され、この両者には「親子の関係」、「車の両輪」と称せられるような固い絆と信頼関係で結ばれていた。この強固な関係が建設産業の近代化、建設市場の国際化、競争の激化の中で希薄化し、磐石であったものづくり体制が変化してきた。その現場を覗いてみよう。

あるゼネコン現場事務所内の風景

ここは東京建設の京都雅マンション新築工事現場の事務所である。現場は躯体工事の最盛期で、ゼネコンの現場技術者が所長以下六名配置されている（図1）。いつもは他の現場にいる山本所長が珍しくこの現場にいる。それもそのはず、現場はコンクリート打設の日であった。コンクリート打設日は、現場で最も重要な日の一つである。佐藤主任が陣頭指揮を執って、いいコンクリートを打つべく躍起になっている。田中係員は型枠・コンクリートの管理担当なので、ジャンカのあるコンクリートにならないようにバイブレータを確実にかけるよう山川職長に指示を出している。山川職長は型枠大工の下請業者の職長で、最近、基幹技能者の資格を取ったところである。山田係員は内装・仕上げ担当の係員であるため、現場事務所でＩＳＯ９０００の書類作りに必死である。昔は、コンクリート打設の日は現場係員総出でやったものである。佐々木係員は派遣社員で、コンクリート打設のホースの筒先で打設順序を管理するように、佐藤主任からきつく指示をされていた。技術的には有能でもっと仕事ができそうであるが、派遣社員のためさほど権限のある仕事を任せられていない。やや元気がないようにもみえる。小林係員は鉄筋の下請業者に雇用されているが、京都雅マンションに関しては、東京建設から乞われて係員として出向している。下請業者にとっては、自社の現場で請負工事の職長をやらせたほうが利益は出るのだが、ゼネコンの要請を断るわけにもいかない。彼もまた基幹技能者の資格も取っており、この現場では鉄筋工事を中心に間違いのない躯体を造るべく目を光らせている。コンクリート打設の時だけでなく、普段から現場の巡回、技術指導等をやっていて、現場事務所に座っていることがまずない。仕事熱心なことからでもあるが、決済等に責任があるわけでもなく、また本来は下請の人間なので遠慮もあるのであろう。

　コンクリート打設日という大事な日であるにもかかわらず、なぜか現場に一体感がない。大きな仕事をしているという自信に満ちた表情も見られない。なぜだろうか。

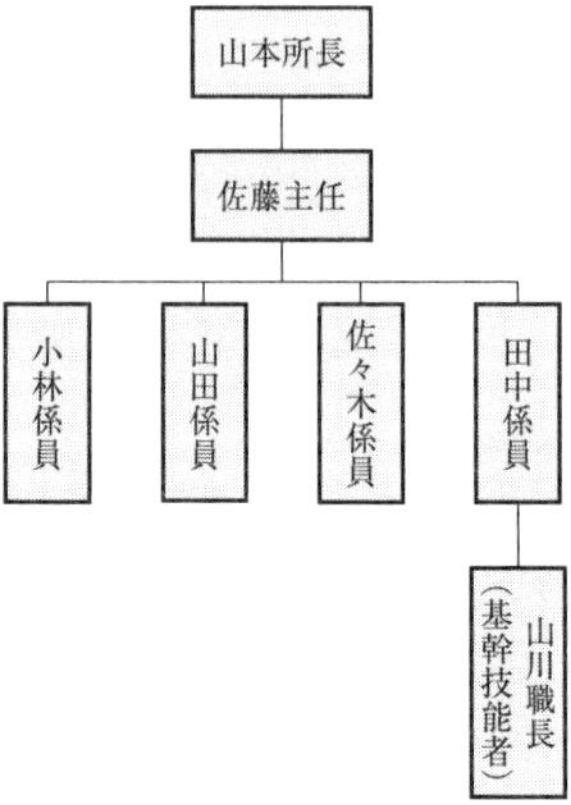

図1　東京建設の現場管理体制

ゼネコン現場技術者の人員削減と外部化

　ゼネコン各社のダンピング競争は、職人の賃金カットのみならず、現場経費の削減からゼネコン現場技術者の配置人数の削減にもつながっている。しかも、現場の事務量はＴＱ

C（Total Quality Control）活動が一九七〇年代後半に始まって以来、ＩＳＯ９０００やＩＳＯ１４０００の導入、姉歯事件以降の建築基準法と建設業法の強化、偽装請負・指値発注などに対する法令遵守ガイドラインの徹底等で増加の一途をたどり膨大な量となっており、この事務量の肥大化が、ゼネコン現場技術者の時間的制約を大きなものとして、現場技術者が現場を見ない大きな要因となっている。

一方で、ゼネコン現場技術者に求められる技術力や知識は相対的に増大しており、逆に言えば、それだけ技術力や知識の不足が目立つようになってきた。姉歯事件のような故意による強度不足は問題外として、人的ミスによる施工不良等はかつてもあったし、現在もありうる。しかし、以前は失敗した場合に、その原因を自らが考え、経験として身につけるだけの時間的余裕があった。現在は失敗の原因を考えるよりも、即時の対応・対策が求められ、かつ、圧倒的な事務量の増大に伴い、現場を巡回する時間すらないほどに余裕がなくなった。

このような状況を打開する方法として、一〇年余り前から、ゼネコン現場技術者に正規雇用の職員のほかに、派遣会社からの派遣社員、当該ゼネコンの協力会所属の専門工事業者からの出向社員を採用するケースが多くなってきた。現在の正確な実情は把握できていないが、一〇人程度いる現場では、三〇パーセント程度が派遣社員ならびに出向社員で構成されていると予想される。

ゼネコン現場技術者を外部化する本当の理由

ここに実態を調査した資料がある。日本建築学会建築経済委員会が二〇〇六年に行った「現場技術者の流動化と技術者教育調査」によれば、現場技術者を派遣社員で補強することの理由は、「即戦力が必要なため」、「継続的な工事高が担保されないため」、「『少ない社員で』が会社の経営方針のため」が主な理由となっている（図2）。また、専門工事業者からの出向によって補強していることの理由は、「即戦力が必要なため」、「継続的な工事高が担保されないため」、「将来の建築市場の動向が読めないため」が主な理由となっている（図3）。

少し前の時代、せいぜい二〇年も前であれば、現場経費は厳しいが、品質を確保するために必要な現場技術者はなんとしても配置する、というのが現場所長の哲学と考えられていた。これとは逆に、アメリカの現場ではドライに経費に見合った現場技術者を配置することが常であった。現在の日本の現場がアメリカ的になったとは考えられないが、こと現

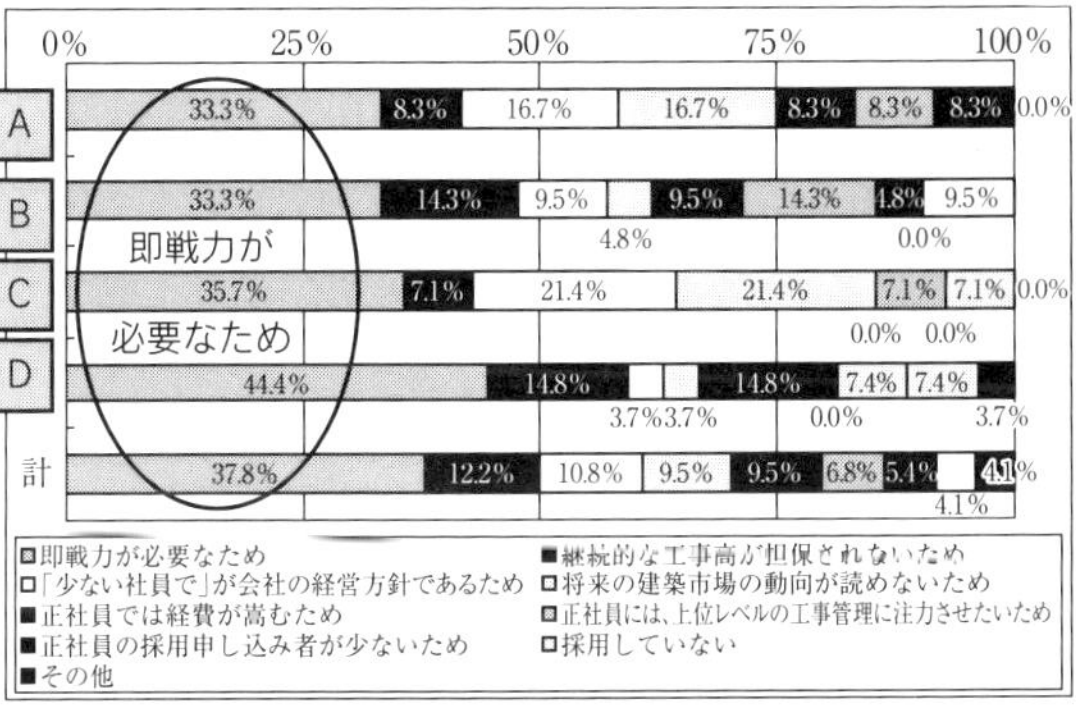

図2　雇用の流動化と多様化・派遣社員を技術補助員として採用する理由（従業員規模別）

（A：1000 人以上，B：999～500 人，C：499～200 人，D：199 人以下）

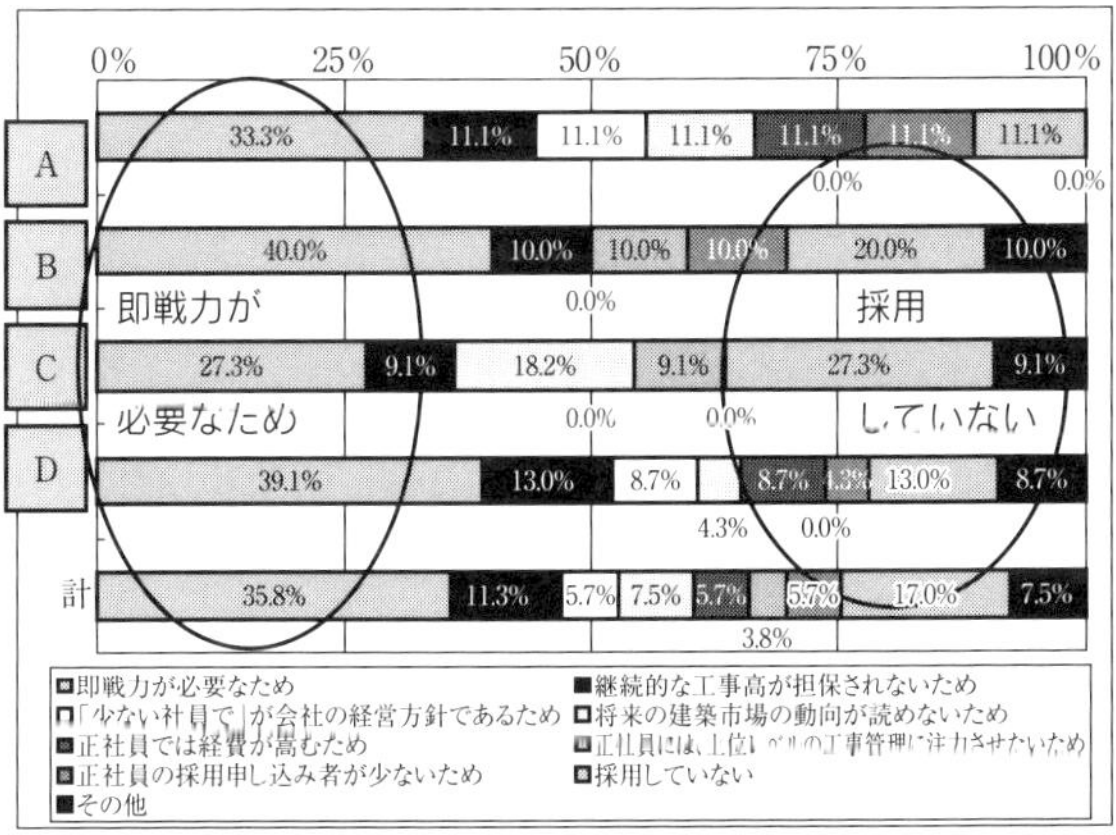

図3　雇用の流動化と多様化・協力会社からの出向者を技術補助員として採用する理由（従業員規模別）

（A：1000 人以上，B：999～500 人，C：499～200 人，D：199 人以下）

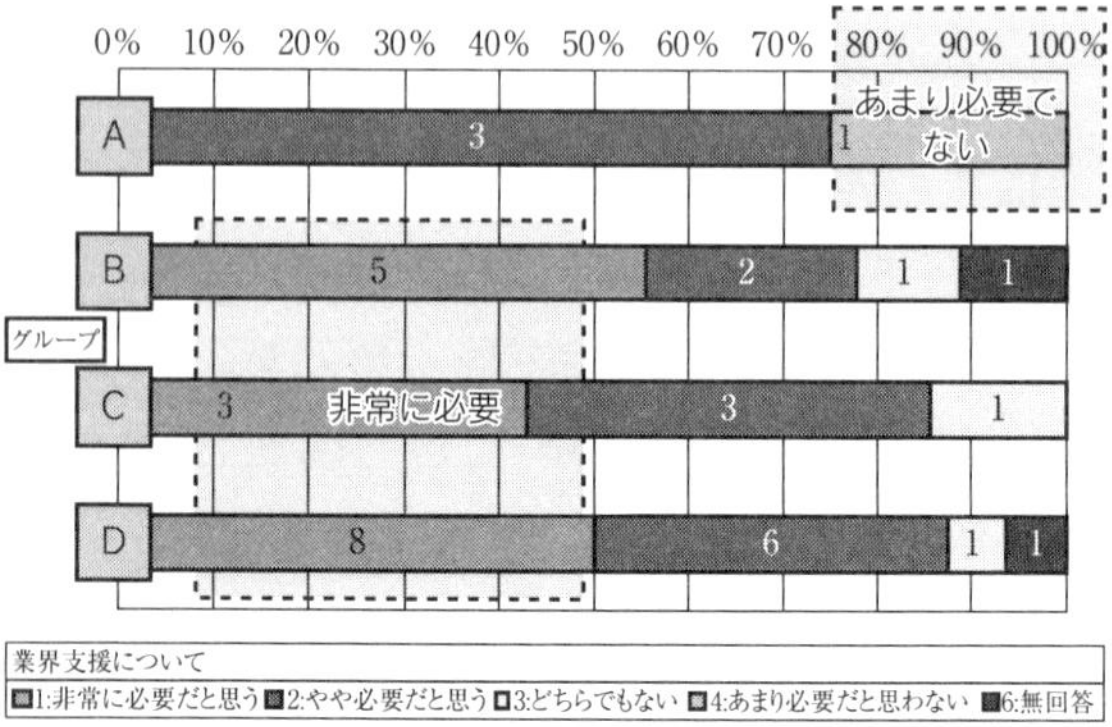

図４　施工管理系技術者の教育・育成に関する業界支援の必要度（従業員規模別）
（A：1000 人以上，B：999～500 人，C：499～200 人，D：199 人以下）

場技術者の配置に関しては、品質よりも利益確保が優先しているように見える。

ゼネコン現場技術者の教育も外部化

さらに、現場技術者の外部化に加えて、正規雇用をしている技術者の教育に関しても、その外部化が進行しようとしている。同じく日本建築学会建築経済委員会の「現場技術者の流動化と技術者教育調査」によれば、企業規模が中堅以下のゼネコンでは、集合教育ならびにＯＪＴ教育が十分ではなく、技術者教育の外部化を望んでいる（図４）。現場技術者を派遣、専門工事業者からの出向に依存し、正規雇用の技術者の教育も外部化した場合、現場での施工管理の体制はどのようになるのであろうか。

現場技術者の外部化によるものづくり体制の実態を考える

現場技術者の外部化は、全体として正規雇用のゼネコン現場技術者の負担業務軽減に寄与はしているが、事務処理的業務を正規の現場技術者が担当し、現場巡回・作業確認業務等を派遣社員や出向社員が担当している事実が数多く見られる。本来、現場技術者に求められるのは、品質が確保された建物の建設であり、そのためには、事務処理ではなく、作業現場での業務（ものづくり業務）に比重があるのが自然であり、そんなものづくり体制こそ安心できる建物ができ上がる基本ではないか。今の状態は本末転倒といったら言い過ぎだろうか。

一方で、派遣社員ならびに出向社員は、一般にゼネコン現場技術者として行使できる権限に制限が加えられており、たとえば、契約行為に関わること、お金に関わること等は業務範囲外とされ、専門工事業者や職人への指導・注意などの影響力を行使する点で限界がある。こんな話を直接聞いたこともある。「わたしは臨時雇用で現場に勤めているだけで、権限がないから、言われたとおりのことをするまでです。責任はもちろん取れません。」

また、日本の現場技術者教育は大学での教育、ゼネコンでの教育ともに終身雇用制になじんだ仕組みになっており、臨時的に派遣社員や出向社員が現場技術者組織の中に加わった場合に、共通の現場言語、共通の知識・情報などの点で整合的、効率的な管理体制が編成できるかどうか疑問がわいてくる。

このような状況の下で、一つの現場で統一のとれた施工管理は可能であろうか。十分に知恵を絞った工事、入念に管理された工事が可能であろうか。

技術者制度と技能者の活用

ゼネコン現場技術者の量的、質的不足を補うために、プロジェクトごとに派遣社員の雇用、専門工事業者からの出向などが常態化しつつあり、現場技術者の流動化と一定の技術者資格を有する技能者の現場技術者としての採用が進みつつあるのであれば、民間資格であるけれども普及しつつある基幹技能者制度を有効に活用することが考えられる。ちなみに、基幹技能者の一般的な理解は、「現場の施工の実情に精通し、現場における作業管理・調整能力を有することにより、現場の実態に応じた施工方法を管理技術者に提案・調整し、現場の技能者に対しては適切な指揮・統率を行っていく役割を担っている者」とい

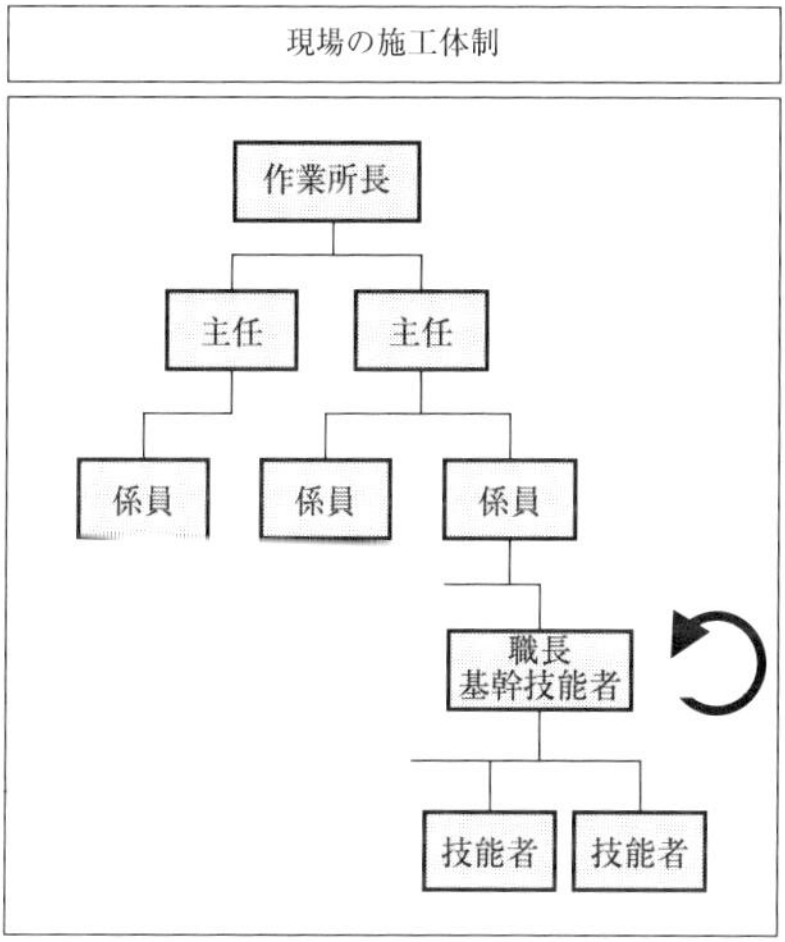

図5　当面目指すべき技能者体制

うことである。基幹技能者を活用した建築生産システムの変化について考えてみよう。

当面、目指すべき技能者体制を図で示したものが図5である。そこに必要なことは、優秀な技能者の確保・育成が、実プロジェクトの中で達成できる生産システムを構築することであり、現在、職長が配置されている立場に基幹技能者が配置されることである。もちろん、優秀な職長が配置されることに問題はないが、ゼネコン各社によって、職長の資格、技術・技能内容等が異なり、特に地域、規模、職種によってそのばらつきは相当程度のものとなっている。元請・下請関係

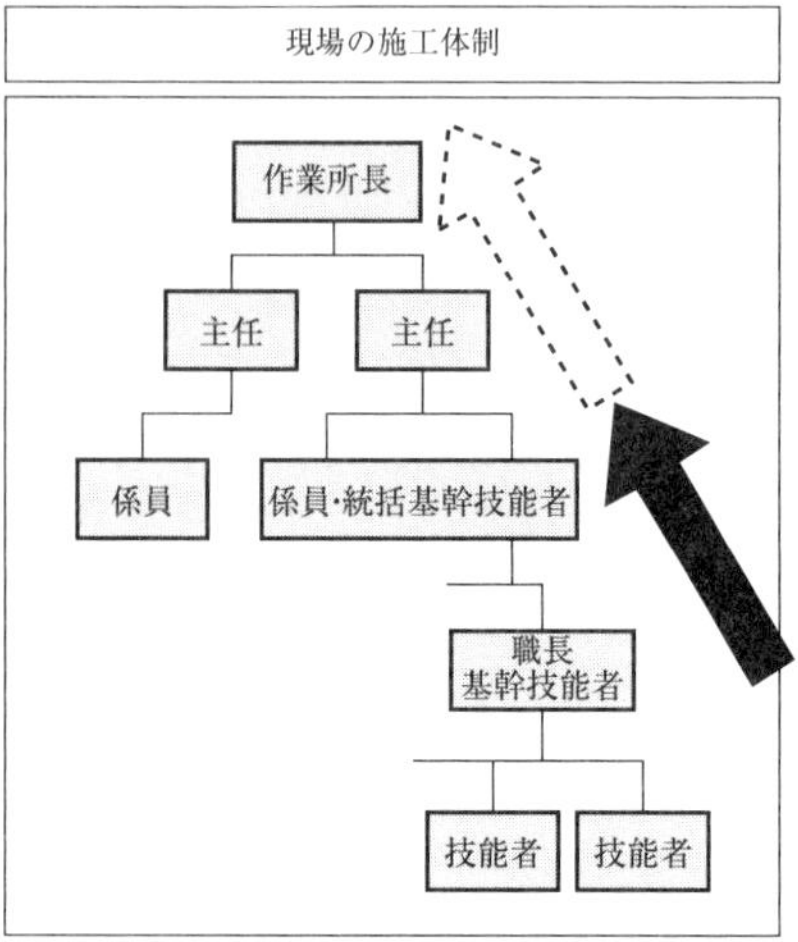

図6　将来のものづくり体制

の見直し、専属性の希薄化、技能者の流動化が進む中では、共通・同等の技術・技能内容を有する資格制度（基幹技能者制度）があることが望ましい。当面は、各社に存在する職長制度と基幹技能者制度が並存しよう。

将来のものづくり体制

　将来的な現場の施工体制（図6）では、各職種で基幹技能者が出そろい、その中から、たとえば躯体一式を統括できるような（仮称：統括基幹技能者）が育つことが望ましい。こうすることによって、ゼネコンは本来のプロジェクト全体の計画・管理、マネジメント業務に専念できるようになり、専門工事業者は担当範囲の計画・管理業務を自立的に行うようになる。また、必要に応じて、ゼネコン係員の業務を統括基幹技能者が代替できるようにもなり、ゼネコンとしては、インハウススタッフを現場にはりつけるか、派遣技術者を雇うか、下請に下請負契約として出すかという選択の幅が広がる。結果として、ゼネコン係員のクラスは、大学等での技術者教育を受けた者と、技能者から技術者の道に進んだ者とが共存することとなる。さらに、統括基幹技能者の能力いかんでは、ゼネコンの係員、主任、ひいては作業所長という技術者の道を歩むことが望ましいケースも出現するであろう。

3　公共建築プロジェクトの不透明性と発注者の役割

「公の施設」のプロジェクトにかかわる人々には、設置者である国・都道府県・市町村職員と、建設にかかわる設計者、施工者、そして管理運営にかかわる施設職員がいて、利用者がいる。この建設プロセスにおける主体のあり方が、さまざまな問題を引き起こす。

公共施設の建設プロセスにおけるそれぞれの立場や主体性のありどころが、建築という営為の過程で照射される。不透明な意思決定のプロセスから、法律や制度の本質が忘れ去られ、無為な建築行為が行われている。

主体性の欠如がもたらす無責任プロジェクト

地域生活に密着した公共建築として、各市町村で設置されている地域の集会施設の数は数万ともいわれている。これらの建物は、老朽化して建て替える、行政機構改革による統廃合とともに建て替える、人口増加住宅地で新設するなどの要因で、建設工事が行われることになる。この際、住民参加を謳った利用者参加型プロジェクトが、いまや趨勢となっている。

とある地方都市で市長選挙が行われ、「住民の安心安全のための地域拠点づくり」を掲げた候補が当選した。当選した市長は、老朽化した地域の集会施設を建て替えることを公約にしていた。既設の地域公共建築を統廃合し、新たに地域的拠点となる施設整備を市独自の住民参加型プロジェクト方式として組み立てる施策を立ち上げ、新市長の目玉政策として展開した。

この政策では、「新しい公共」として地域団体が、国や市町村に代わって公共サービス事業を行うことが求められた。住民参加ということで、住民自治会連合会、地域団体代表、住民代表が加わった懇談会が設置された。住民各方面から、この政策に乗じた地域施設整備要求が堰を切ったように出てきた。前任の市長の政策が市の中心部整備にかたよっており、各生活圏域での公共施設整備が遅れていたためである。

膨大な要望をもとに、市長部局の企画局で施設整備、運営および維持管理の水準が策定された。施設名称も「地区会館」と改められることになった。ここで地区会館の設置目的は、「市民に自治活動の場を提供し、又、実際生活に即する教育、学術及び文化に関する各種の事業を行い、市民の連帯、生活文化の振興及び福祉の増進を図り、もって魅力ある地域社会の形成に資する」とされた。これは隣接する市にある類似する地域施設の条例に習ったものであった。

いくつかの建て替え候補施設のうちから第一番に建て替え事業の対象となったのは、最も古い市中心部の自治会館となった。新市長の新規プロジェクト事業ということで急速に計画が進められた。まずは住民参加ということで自治会連合会、体育協会、文化協会、社会福祉協議会などの地域団体の代表で構成される「地区会館検討委員会」が設置された。

設計者選定はプロポーザル方式で行われた。審査員は、市の近隣にある大学の高名な建築構造学者が委員長となり、市内で多くの公共建築を手がけた高齢の建築家、自治会連合会会長そして市企画局長が加わった。また住民参加ということで、住民投票による評価が参考とされた。その結果、全国的に有名な建築家設計事務所が基本設計担当者に選ばれた。

当選した建築家は、老朽自治会館の建て替えを新しい施設の創造として取り組み、高名なデザイナーによるユニットテーブルをいくつも並べたロビー、自治会連合会事務所のための委員会室、豪華な三〇〇人劇場などを目玉として設計提案した。

基本設計が完了し、具体的施設像が明らかになるにつれ、住民の間でこの建て替え案に、以下のような問題提起がなされるようになった。
・これまで住民自治会が管理運営していた自治会館が、名称変更して地区会館となり、市長部局組織に組み込まれることで、従前のような自由な地域活動の場所がなくなるのではないか。
・これまで自治会が主体となった運営組織が民間委託管理となることで、管理者と住民とのコミュニケーションが停滞するのではないか。
・これまで継続してきた実習サークル活動や託児付き講座開設、フリースペース利用などの施設利用形態が維持できない施設内容ではないか。
建て替え対象となる自治会館を利用していた住民たちの多くは、自治会館の土地が旧村からの住人の共有財産であり、活動補助費を市から交付されている民有民営の施設であること、今回の建て替えで市が土地を買い取り、建物を建て替えて公有民営の地区会館とすること、この地区会館の対象圏域には隣接自治会が含まれることを知らされていなかった。

建て替えとなる自治会館の利用者たちは、四〇年続いたこの自治会館の継承を求め、署名運動を起こし、直接請求に必要な署名を集めた。施設利用者、地域団体役員、学識者を加えた「自治会館を考える会」が組織され、提案された基本設計案を学習し、基本設計案の問題点と検討事項の集約を要望書として直接市長に手渡した。市長はこのような要望書を作成できる市民の力を初めて認識した。善処を行政部局へ指示したが、「一部市民の要望は基本設計のままで達成可能」という企画局の回答で設計変更はされなかった。要望書にあった利用者と設計担当者との意見交換の場も実現しなかった。

実施設計も、プロポーザルで選ばれた基本設計担当の設計事務所の受注となった。建設工事は地元建設業者が請け負った。東京から日帰りで設計・監理に来た若い設計事務所員は、設計意図を十分に建設業者に伝えることもなく現場任せで、ロビーのソファーは既製品に格下げされ、ビジネスホテルのロビーのように狭苦しくソファーが並んだ。三〇〇人劇場は商業劇場のような雰囲気になり、客席はしっかりと固定された。

竣工後の管理運営は民間指定管理者制度により、隣町に本拠を置くNPO法人が受注した。着任した管理者は、この土地に縁のない元銀行員の出向職員だった。このNPOは、貸し室利用時間単位の細分化、有料室の増設、飲食物の販売など採算性優先の運営をめざすとともに、警備会社と契約し、マニュアルどおりの厳しい管理体制を実行した。

既存施設が取り壊されるに至り、そこでこれまで比較的自由に自治会館で活動してきた利用者は居場所をなくした。新築の地区会館は豪華すぎて居心地が悪く、硬直化した管理規則運用がリピーターを少なくした。有料となったことから、定期的利用者が激減した。三〇〇人劇場は採算性の低さ、使い勝手の悪さから利用率が低迷、使われない日数のほうが多くなり維持費が重荷になってきた。このようなことが重なり合って、利用対象者である住民から見向きもされない公共施設となってしまった。

市担当者は、粗大ゴミ化していく地区会館の転用方法を模索し始めた。

問題の諸相を探ってみる
新規施設とユーザー志向の矛盾

市内地域施設整備の方策として、老朽化した既存施設を利活用するという名目で、自治会館を再構成して新規の地域施設体系のもとで再編成し建て替えることを、市長は公約で明確にしていなかった。また当該地域の自治会館廃止を掲げていなかった。すでに存在している市民活動の中心にある自治会館を廃止するだけでなく、その代替施設となる新築施設を、総合的な市民サービス施設（地区会館）という曖昧な位置づけで、従前の自治会館利用と無縁なところで施策が進行した。

一方、新市長を支持した住民には、近年転入して来た者も多く、自治会館が旧村住民の共有財産であったことから無料で使えていた背景、毎年維持費獲得のために行ってきた市への陳情の背景を知ることもなく、従前の老朽自治会館の施設内容は変わらないままで改築整備され、より使いやすくなるものと思っていた。

自治会館的施設の廃止は、行政の大きな政策転換である。にもかかわらず施設利用者に説明がされていなかった。施設建設の発注者である行政が「公の施設」の利用主体者である市民の意識に配慮しなかったことが、不透明な施設を生み出す原点となった。このような施設に新しいユーザーが出現することはなかった。

発注者の要求水準を満たしても利用者の支持を得られない矛盾

設計者は、市の企画局策定の事業方針に従って、そこでの要求水準を満たすべく「市民の連帯、生活文化の振興」の具体案として、個人住宅にはない家具調度のそろったロビーと身近な劇場を提案した。このことについて齟齬はない。しかし、その施設の利用主体となるはずの既設自治会館利用者の実態を把握していなかった。利用者とのヒヤリングなどの作業はなされず、施設利用の実態を理解していなかった。比較的小規模な集会施設ということで、個別事項のない安易な設計として短期間に計画案がまとめられた。長い間、自治会館に蓄積されてきた広間の使い方や施設管理の知恵を無視したかたちとなった。

ところが自治会館の主体者である住民は、与えられた新規施設をありがたく利用するだけの住民ではなかった。さまざまな地域活動を経験し、防災や相互扶助についての実績を積み重ねてきている自治会であった。子どもの頃から自治会館で育ち、大人になって自らが自治会館を育てているという自負をもつ利用者の存在があった。新規施設見直しの署名運動は、自治会館を取り巻く地域住民組織の広がりを示している。

このような地域力を設計者は体験したことがなかった。そのため利用主体者から使い勝手が悪いと、設計内容の変更を具体的な項目で対案とともに示した要望書が提出されるような低レベルの基本設計となった。

利用者参加型プロジェクトの矛盾

設計者と実質的な利用者との直接的やりとりのない住民参加方式が問題である。

市当局より選ばれた新規施設にかかわる住民有識者の懇談会は、各種地域団体の代表の集団であり、普段あまり施設利用をしたことのない住民層であった。住民参加を標榜する形式的な手続きのようなものとなった。またプロポーザルで示された計画案への住民投票も、目前に並べられたプレゼンテーション資料への人気投票の域を出なかった。

設計者は、市が定期的に行っている市民意識調査の分析と、市担当者がまとめた住民代表の意見を利用者の意見と判断した。建て替え対象となる施設の利用者の声を直接聞かず、実態を見ずに、住民投票により得られた支持を根拠に独走した。

基本設計を行った有能な設計者が、個別に利用実態と既存施設の存在価値を認識する機会を得ていたならば、設計内容も変わっていたと考えられる。設計者は施設空間に求められている場の雰囲気を感覚的に察知し、具現化する力をもっているからである。また市長部局の地区会館企画担当者も、住民の力を理解していたならば、有識者懇談会形式の住民要求ヒヤリングという方式にこだわらず、現実を肯定的に見直す開かれた実態調査を行ったであろう。設置目的条例すら周辺都市と横並びにする形式的手続き偏重の姿勢が問われるところである。

このような姿勢から、基本設計見直し署名運動に署名した住民の声を反映できないままに、利用主体者より設置者の要望に添った公共建築を出現させた。

設計意図と施設管理者の認識の矛盾

基本設計で設定されたロビーと劇場は、利用者側の要求を反映していなかった。しかし、新規施設の目玉となる施設空間として、貸しスペースとして宣伝された。利用形態があいまいなままに、地区会館の運営管理が民間委託となった。

当初の自治会館では平床の大集会室があり、伝統的な民俗芸能の稽古場であり発表会の場であった。住民サークルが独自に企画するイベントの会場ともなった。無料で多用途に使える使い勝手の良さから人気を集めていた。ところが建て替えられた地区会館では、小劇場として階段床とステージのある立派な劇的空間が出現した。ここから新しい住民の文化が生まれる、という言葉が設計者の言葉として竣工パンフレットに載っていた。新たに施設管理者となったNPOは、施設主催事業実施の能力不足のまま貸し館的運営に終始した。つまり設計者が想像した使われ方が試みられることがなかった。住民も有料であることと利用規則が面倒なために近寄らなくなった。豪華な施設の保守管理だけが目的となり、きれいなまま使われない状態となった。

問題の改善に向けて

専門職能の主体性を発揮する環境をつくることが必要

発注者である市当局は、選挙で選ばれた市長と公共建築の利用主体者である住民との間で、地区会館施策を綿密に策定する仕事がある。そこでは、行政の専門家としての役割と責任がある。しかし公共建築の建設となると、行政部内にも建設事業そのものを所管する部署と、建設後の施設を所管する部署とがあり、総合的な市政を企画調整する部署も加わって、利用主体者や施設を運営管理する当事者の声は反映されにくい仕組みになっている。その前提に立って、本来の目的にかなう公共建築の企画調整を行う専門職員を行政部内に置くことが改善策の一つである。

この事例では、地区会館の設計者も施設運営者も、自治会館に関心も知識もない専門家が選定された。このことは法令基準にはまったく抵触しない。職務ということでは、設計を委託された建築家も、施設管理を委託されたＮＰＯ職員も、遺漏なく仕事を遂行したということで非難されることはない。しかし、結果としてプロジェクト遂行者の戦略にのせられたことになろう。設計者は施設利用者に適性な提案をすべきだし、公共の福祉の増強に寄与することを目的とするＮＰＯ集団であれば、地区会館の主体者が住民であることを第一とした運営を考えるべきである。

このプロジェクトにあっては、岐路選択でそれぞれが専門家としての主体性を発揮して、以下の選択肢が選ばれていれば、より有益な公共事業となったと考えられる。

・「公の施設」の公共性を担保するためには、利用主体である市民が、このプロジェクトを推進する原動力になる必要があった。市長が初動から住民要求と政策の整合性を図っていれば、より適切な施設像が求められたであろう。
・基本設計段階で施設利用者の声が反映されていたならば、設計者の取り組み方も違っていたであろう。
・施設管理者が地域問題に興味があり、建て替え前の施設の沿革に詳しい人であれば、当初施設の活動を継承する施設運営を見出すことができたであろう。

計画情報を一元化し計画を遂行する

公共建築における発注者問題、とりわけプロジェクト進行の不透明性を解消するためには、当事者の意識を住民に向けることから始めなければならない。地域社会整備という観点に集約し、主体的にかかわる専門家集団を形成することが重要である。地域に密着して機能し存在価値を発揮している公共建築には、必ずといっていいほど、その施設の主体となっている住民集団がいる。既存施設の建て替えであれば、発注者はその集団であるはずのものである。行政は施設主体者の代弁者として、プロジェクト進行を管理することが求められる。新しく開発された未成熟な住宅地の地区会館であれば、新設施設とともに、地区会館は住民がつくるという原点を、プロジェクトの過程で醸成する方策を立案し遂行するプロジェクトマネジャーが必要である。

そして、そこに関わる各種専門家の役割を明確に示すことがこの問題の改善につながる。

公共建築は誰のためにあるのか、という原点にたちかえると、事業決定から設計発注、工事発注、竣工後の施設運用業務の民間委託発注までのプロセスの中に、そのプロジェクト主体の不透明性、伝達されなければならない情報の混乱、ユーザー参加型建築計画の問題など、改善されなければならない点が見えてくる。

4　ＰＦＩ方式の総合評価から真に「民間活力」が導入できる制度への転換

「世界貿易機構（ＷＴＯ）」案件はもとより、国の事業は、すでに「ＰＦＩ（Private Finance Initiative）」事業が主流となっており、公共事業の事業者選定におけるＰＦＩ方式は着実に定着しつつある。国あるいは地方公共団体が、事業コストを削減し、より質の高い公共サービスを提供する（安くていいものをつくる）という「説明責任」を果たすうえで、きわめて都合がいいからである。

第一に、ＰＦＩ事業は、事業者選定の過程について一定の公開性、透明性を担保する仕組みをもっているとされる。第二に、国あるいは地方公共団体にとって、設計から施工、そして維持管理まで一貫して事業者に委ねることで、事務作業を大幅に縮減できる、第三に、効率的な施設管理（ファシリティマネジメント（ＦＭ））が期待される、そして第四に、何よりも、設計施工（デザイン・ビルド）を実質化することで、コスト削減が容易となる、とされる。しかし、「説明責任」が果たされるからといって、「いい建築（空間、施設）」が、実際に創り出されるかどうかは別問題である。また、日本のＰＦＩ法は、欧米のＰＦＩでは禁止されている施設整備費の割賦払いを禁止していないばかりか、むしろ割賦払いによる施設整備を促進しており、財政悪化の歯止めをはずした法律となっている。しかし、これら事業方式そのものの問題は、ここでは扱わない。

以下では、事業者（特別目的会社ＳＰＣ（Special Purpose Company））および設計者の選定に関わる評価方式が、地域の要求とその変化に柔軟に、また動態的に対応する仕組みになっているかいないか、ひいてはその結果として「いい建築」が創り出されているかについて考えてみたい。

ＢＯＴとＢＴＯ

公共施設整備としてのＰＦＩ事業が、ＢＯＴ（建設 Build→管理運営 Operate→所有権移転 Transfer）か、ＢＴＯ（建設→所有権移転→管理運営）かは、建築（空間）の評価以前の問題である。

ＰＦＩ事業がＢＴＯに限定されるとすれば、設計施工（デザイン・ビルド）とほとんど変わらなくなることは容易に予想される。すなわち、設計施工の分離が、公共工事では常識化している「掟」をすり抜ける手段となりかねない。しかし、この点に関して、実際は昭和三四年に建設省（当時）から地方建設局長あてに「設計業務の受託者には、原則として、当該設計に係る工事の入札に参加させ、又は当該工事を請負わせてはならないものとする。」との通知が出ており、この通知が設計施工分離を常識化させた原因であるが、この通知は平成七年に廃止されている。

いずれにせよ、ＰＦＩ事業の基本は、ＳＰＣが民間企業として事業資金の調達および建築物の設計・施工・管理を行い、さらに、その運営のための多くのサービスを提供するのに対して、公共団体は、その対価を一定期間にわたって分割して支払うことにある。地方公共団体にとって、財源確保や管理リスクを回避できることに加えて、契約期間中に固定資産税収入があることで、メリットが大きい手法となる。一方で、民間企業にとって、どういうメリットがあるかは判然としない。すなわち、ＰＦＩ事業の基本的問題は、公民の間の所有権、税、補助金などをめぐる法的、経済的関係、さらにリスク分担ということになる。

公には「施設所有の原則」があり、「施設を保有していないのに補助金は出せない」という見解、主張があった。公的施設の永続性を担保するためには、公による所有が前提とされてきたからである。実際は、BTO方式によるPFI事業にも補助金を出すという決定（補助金交付要項の一部改正）がなされることになる。SPCにとっては、補助金がなければ、メリットはさほど多くはない。BOT方式のPFI事業では、所有権移転を受けるまでの三〇年間（最近では一〇年～二〇年のケースが増えつつある）は、SPCの所有である。したがって、SPCは税金を払う必要がある。これではSPCにとって、魅力はさらにないことになる。

実際上の問題は、公共施設のプログラムごとにケース・バイ・ケースの契約とならざるを得ない。「利益が出た場合にどうするか」というのも問題であるが、決定的なのは「事業が破綻した場合に、その責任をどのようにとるか」である。契約をめぐっては、社会的状況の変化をどう考えるかによって、多様な選択肢があるからである。公共団体、SPC、金融団等の間に「秘密保持の合意」がなされる実態がある。破綻した際の責任をだれが取るのか、建築（空間）の質の「評価」の問題も、同じ位相の問題を孕んでいる。

ＰＦＩ事業の責任主体はだれか

ＰＦＩ事業によって整備される公共施設の「評価」を行い、ＳＰＣの選定に関わる審査機能をもつ委員会は、基本的に法的な権限を与えられない。したがって、責任もない。これは、ＰＦＩ事業に限らず、さまざまな方式の設計競技においても同様である。また、審査員がどのような能力、経験、資格を有すべきかどうかについても、一般的に規定があるわけではない。地域コミュニティや自治体に属する権限をもった「コミュニティアーキテクト」あるいは「タウンアーキテクト」、また法的根拠をもってレビューを行う英国のＣＡＶＥ（Committee of Architecture and Built Environment）のような新たな仕組みを考えるのであれば別だが、決定権はつねに国、自治体にある。都市計画審議会や建築審議会は、諮問に対して答申が求められるだけであり、そこに権限があるわけではない。

日本の審議会システム一般について、ここで議論するつもりはないが、ＰＦＩ事業に関しても審議会システムと同様の空虚な構造が見て取れる。すなわち、ＰＦＩ事業と標榜しながら、つまり民間の活力、資金やノウハウを導入すると言いながら、審査員には「有識者」として意見を言わせるだけで、あらかじめ設定した枠組をまったく動かさないという場合が、ＰＦＩ事業の大半である。

「安くていいものを」というのが、総合評価方式の目指すところであり、一見オープンで公平なプロセスであるように見えるが、プロジェクトの枠組そのものを議論しない仕掛けが「審査委員会」であり、国、自治体の説明責任のために盾となるのが「審査委員会」である。しかし、地域住民の真のニーズを汲み上げる形での公的施設の整備手法は、ＰＦＩ事業ないしその評価システムとしての総合評価のほかにもさまざまに考えられる。

プログラムと要求水準書

公共施設整備の中心は、プログラムの設定である。しかし、公共施設はさまざまな法制度によって複雑に規定されている。施設＝制度（institution）の本質である。

民間の資金やノウハウを活用することをうたうＰＦＩ事業であるが、施設のプログラムは、ほとんどが「要求水準書」によってＳＰＣ選定前に決定されている。この「要求水準書」なるものは、多くの場合、さまざまな前例や基準を踏襲してつくられる。たとえば、その規模や設備は、現状と変わらない形で決められてしまっている。また、容積率や建蔽率はぎりぎりいっぱいの内容のものがすでに決定されており、いろいろと工夫する余地がない。極端に言えば、新たな質をもった建築空間が生まれる可能性はほとんどないのである。

「要求水準書」は、一方で契約の前提となる。提案の内容を相当程度制約するとともに、審査における評価のフレームを大きく規定することになる。すなわち、公共施設の空間構成や管理運営に、地域住民のニーズを的確に反映させる仕組みをPFI事業は当初から欠いていると言っていい。しかし、もう少し時間的余裕をもてば、参加型のワークショップ、建物使用者と設計者の直接の協議など優れた方法を活用することができる。

総合評価とは何を評価しているのか

PFI事業においても、公共施設整備の核心であるプログラムは設計計画のコンセプト、基本的指針が明確にされ、建築的提案として競われるべきである。そして、公的な空間のあり方をめぐって、コンセプトそのものが評価基準の柱とされるべきである。あるいは、コンセプトそのものの提案を評価の中心に置くべきである。しかし、コンセプトはしばしば明示されることはない。PFI事業においては、「総合評価」方式が用いられるが、「総合評価」といっても、あくまで入札方式としての手続きのみが問題にされるだけである。問題は、「総合評価」とは一体何か、ということになる。

総合評価の評価項目とそのフレーム

多くの場合、審査員が参加するのは、評価項目とその配点の決定からである。あらかじめ「先例」あるいは「先進事例」などに倣った評価項目案が示され、それを踏襲する場合も少なくない。すなわち、国あるいは地方公共団体の「意向」が反映されるものとなりやすい。

問題は、建築（空間）の質をどう評価するか、であって、そのフレームがまず審査員の間で議論されることになる。ここで、審査員によって構成される委員会におけるパラダイムに問題は移行することになる。たとえば、建築を計画、構造、設備（環境工学）、生産といった分野、側面から考えるのが、日本の建築学のパラダイムであるが、一般の施設利用者や地域住民にそのフレームが理解されることは稀である。「要求水準書」を満たすことは、そもそも前提であり、しばしば絶対条件とされる。審査委員会の評価として「プラス・アルファ」（それはしばしば外観、あるいは街並みとの調和といった項目として考慮されようとする）を求めるといった形でフレームが設定されるケースがほとんどである。

総合評価はポイント制

フレームはフレームとして、提案の全体をどう評価するかについては、各評価項目のウエイトが問題となる。各評価項目を得点化して足し合わせることがごく自然に行われる。複数の提案の中から実現案一案を選ぶのであるから、審査員が徹底的に議論して合意形成に至ればいい（文学賞などの決定プロセス）のであるが、手続きとしてごく自然にこうしたポイント制が採られる。審査員（専門家）が多数決によって決定する、またその過程と理由を公開する（説明責任を果たす）のであればいいのであるが、ポイント制は、たとえ○・一ポイント差でも決定理由となる。建築の評価の本質（プログラムとコンセプト）とはかけ離れた結論に導かれる可能性を含むし、実際しばしばそうしたことが起こる。

各評価項目もまた、客観的な数値によって評価されるとは限らないから、多くの場合、相対評価が点数による尺度によって示される。個々の審査員の評価は主観的であるから、評価項目ごとに平均値が用いられることになる。わかりやすく言えば、平均的な建築が高い得点を得るのがポイント制である。

建築の評価をめぐる部分と全体フレームをめぐる以上の問題は、「建築」を専門とする専門家の間でのパラダイム、あるいはピア・レビューの問題であるといってもいい。

問われる建築の質と事業費の関係

「安くていいものがいい」というのは、誰にも異を唱えることができない評価理念であるが、「いい」という評価が、ポイント制での議論を留保して、点数で表現されるとして、事業費と合わせて、総合的にどう評価するかが次の問題である。

建築の質に関わる評価と事業費といったまったく次元の違う評価項目を比較するとなると、点数化、数値化はまったく形式的なものとならざるを得ない。そこで持ち出されるのが、実に単純な数式である。

事業費を点数化して、建築の質の評価に関わる点数と単純に合わせて評価する加算法と、質は質として評価した点数を事業費で割って比べる除算法が用いられているが、数学的根拠はない。きわめて操作的で、加算法を採る場合、質の評価と事業費の評価を5対5としたり、4対6にしたり、3対7にしたりさまざまである。除算法を採る場合、あらかじめ基本事項（要求水準）に六〇あるいは七〇パーセントの得点を与える、いわゆる下駄が履かされる。基本的には、質より事業費のほうのウエイトを高くする操作と考えられてもしかたがない。

単純に事業費のみとは限らない。ＳＰＣの組織形態や資金調達能力などが数値化され、係数を加えたりして数式が工夫される。

事例を積み重ねなければ数式の妥当性はわからない、というのが経営学の基本的立場というが、建築の質の評価の問題とはかけ離れているといわざるを得ない。

地方公共団体の施策方針と財務内容に基づいて設定された事業費に従って、施設内容、プログラムを工夫するやり方のほうがごく自然である。

時間的変化の予測と評価

事業費そのものも、実は明快ではない。いわゆる設計見積を評価するしかないが、設計・施工のための組織形態によって大きな差異がある。そして何よりも問題なのは、時間の変化に伴う項目については、誰にも評価できないことである。維持管理費やランニングコストについては、提案書を信じるしかない。

結局は、予測不可能な事態に対処しうる組織力と柔軟性をもったＳＰＣに期待せざるを得ない、ということになる。

事後評価

ＰＦＩ事業の事業者選定委員会は、設計競技の審査委員会も同様であるが、多くて数回の委員会によってその役割を終える。当初から事業に責任がないことは上述の通りであるが、事後についてもまったく責任はなく、なんらの関係もない。そもそも、ＰＦＩ事業は一定の期間を対象にしているにもかかわらず、事後評価の仕組みをまったくもっていない。事業の進展に従ってチェックしながら修正することが当然考えられていいけれど、そうしたフレキシビリティをもったダイナミックな計画の手法はまったく想定されていない。

真に「民間活力」が導入できる制度に向けて

ＰＦＩ事業による公共施設整備の問題点について指摘してきた。透明性の高い手法として評価されるＰＦＩ事業であるが、実は、建築（空間）の評価と必ずしも関わらない形式的手続きによって事業者が決定されていることは、以上の通りである。ＰＦＩ事業の制度は、結局は事業費削減を自己目的化する制度にほかならないということになる。「いい」

建築を生み出す契機が、そのプロセスにないからである。少なくとも、地域住民のニーズに即した公共建築のあり方を評価し、決定する仕組みをもっていないことは致命的である。

問題点を指摘する中でいくつかのオールタナティブに触れたが、「コミュニティアーキテクト」制の導入など、安くていい、地域社会の真のニーズに答える仕組みはいくらでも提案できる。その要点は、真に「民間活力」を導入できる制度であるか否かである。

5　火災危険に対する発注者の認識

新宿歌舞伎町の雑居ビルで44名が死亡した火災事故は、人々の記憶から次第に薄れつつあるが、類似の火災は後を絶たない。小規模雑居ビルでは、防火規制が緩いことを狙って危険な使い方をする事業者が後を絶たない。事故が起こると被害を受けるのは利用者である。建築の設計と建設に関わる者として、何ができるかを考えてみる。

小規模ビルにおける火災事故

ファッションと同様に、火災事故にも流行がある。わが国がまだ貧しかった時代には、木造密集市街地の火災が多く起こっていたし、高度経済成長の時代には、大規模旅館やデパートでの火災で尊い命が奪われてきた。あるタイプの建物で災害が頻発すると、専門家による調査や社会的対策が行われ、類似の災害は次第に克服されていった。現在のわが国の防火基準はかなり整備されたものであり、火災に対しては安全だと思ってきた。

しかし、安全になったのは立派なビルであって、小規模雑居ビルは危険な状態が放置され、火災事故が続いている。少し専門的になるが、まずはいくつかの火災事例を総括してみる。

新宿歌舞伎町明星43ビル火災（2001.9.1）

この火災は、四階建の雑居ビルの三階ホールに放火され、四階の風俗店の客と従業員四四名が死亡した事故である。図1に示すように、このビルは小さいので、倉庫や従業員控室などのバックとして使える部分が決定的に不足していた。そのため、階段の一部を発泡スチロール板で仕切って、倉庫や従業員の更衣室として使っていた（図中①）。三階のホールに放火された後、火災は階段内の物品を導火線として、四階に容易に到達した。

店の入口には、防火戸があるが閉まらなかった。図面（図中②）をよく見ると、防火戸と平行に引き戸がある。日常的には引き戸を使っており、防火戸は開いたままであった。四階に到達した火と煙は、引き戸を破り店内に流入した。店内の奥には窓があったが、板で塞がれており、侵入した煙はまたたく間に充満した。

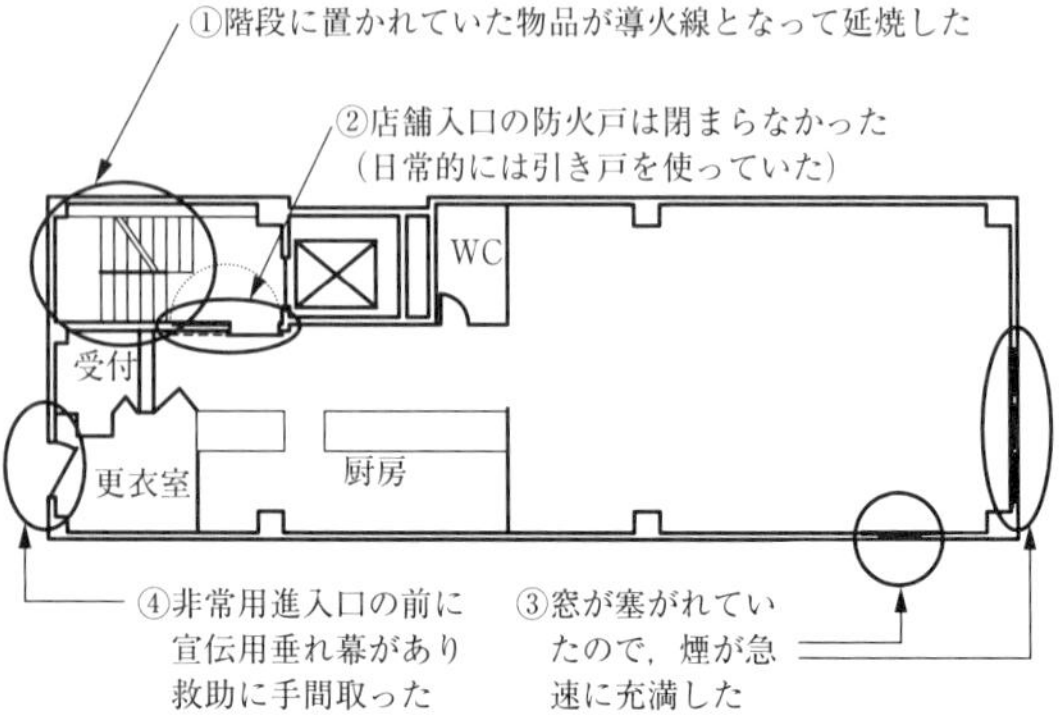
①階段に置かれていた物品が導火線となって延焼した
②店舗入口の防火戸は閉まらなかった
（日常的には引き戸を使っていた）
WC
受付
更衣室
厨房
④非常用進入口の前に
宣伝用垂れ幕があり
救助に手間取った
③窓が塞がれてい
たので，煙が急
速に充満した

図1　新宿歌舞伎町明星43ビルの4階部分[1)]

消防隊は、一階から階段を登って救助・消火活動を試みたが、階段内の物品に阻まれて容易に接近できなかった。また、四階の道路側には、非常用の消防隊進入口があったが、その前面には宣伝用の垂れ幕があって、はしご車の接近を阻んでいた。そのため、消防隊による救助活動もままならず、多くの人が犠牲になった。

なんば個室ビデオ店の放火火災[2]（2008.10.1）

個室ビデオ店は、店内を小さな個室で区切り、貸し出したＤＶＤを客が鑑賞するサービスを提供するものである。夜間も営業し、ホテルの替わりに宿泊する利用者も多い。新しい事業形態のため、建築基準法では用途区分のどれに該当するのかが明らかでなく、防火基準も曖昧に運用されている。

放火事件が起こった個室ビデオ店は、雑居ビルの

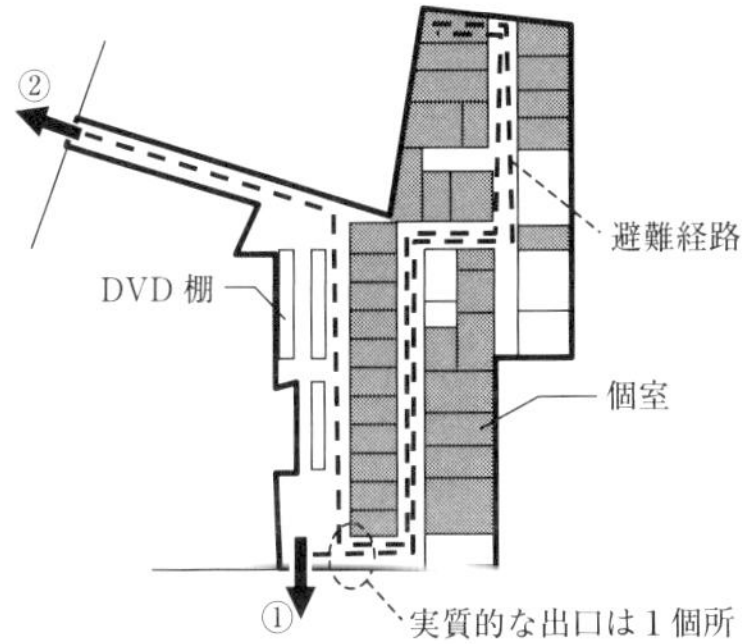

図２　なんば個室ビデオ店の配置図（各社報道記事から作図）

一階部分を改装して営業していた。客の一人が個室内で放火自殺を計り、その火と煙がまたたく間に店内に充満し、一六名が死亡した。

図2に示すように、このビルの敷地は不整形ではあるが、二つの方向に出口（①、②）を設けている。建築設計においては、少なくとも二方向に避難できるように、出口をなるべく離して複数設けることが鉄則であり、このビルはそれなりに工夫されている。もし、個室ビデオ店ではなく、事務室として使われていたら、これほど悲惨なことにはならなかったであろう。しかし、改修により個室ユニットを入れ、客の入室管理のための出入口を設けたので、実質的な出口は一個所だけになる。自分の居る個室と出口との間で出火すると、逃げ場がない。

類似の火災事例

類似の火災は、これまでも多数起こっている。最近の例でも、宝塚市カラオケボックス火災(3)(2007.1.20)、高円寺居酒屋火災(4)(2009.11.22)などがある。カラオケボックスの火災では、倉庫を転用しており、階段が一つのみで、火災感知器やスプリンクラーなどの防災設備は設置されていなかった。居酒屋火災では、雑居ビル二階の居酒屋で調理場から出火し、天井から吊り下げていた装飾布に燃え移った火が急速に広がった。避難階段は二つあったが、そのうちの一つは物品で塞がれていた。

安全が軽視される仕組み

以上で見てきた火災事例は、特殊なものではなく、惨事が起こる背景には共通するものがある。いずれも小規模建物であり、本来は事務所ビルや倉庫などとして建てられたものである。これには理由があって、飲食店舗や宿泊施設として建物を建てると、建築基準法上の制約や消防法上の防災設備投資が発生する。貸しビルのオーナーとしては、ビルの建設費が高くなると家賃を高く設定せざるを得なくなり、事業計画が成り立たなくなる。

倉庫や事務所としてビルを建設すれば、法令の基準が少し緩くなるので、防災設備にかける費用を減らすことができる。そのため、事務所ビルとして建設した後に、内部をテナント工事として改修して風俗店、飲食店、個室ビデオ店、カラオケボックスなどとして使うことが行われている。

建築設計における建築士の役割（架空事例で考える）

建築オーナーが安全に対して無知・無関心であることや、あるいは確信犯的に防災投資を削ろうとする場合には、建築士の役割は微妙である。完成後に別用途に転用される可能性が高い設計案件の場合でも、転用後の状況までを考えて建築設計を行うのは難しい。ということは、事務所ビルの設計受注した場合には、あくまで事務所ビルとしての設計を行うことになるのだろうか。以下では、架空事例をもとに考えてみる。

設計事務所を営むAさんは、貸しビル業者から設計依頼を受けて、四階建の小さな事務所ビルを設計することになった。敷地は、B市の中心的な繁華街であり、周囲には商店、飲食店、居酒屋が並ぶ一角である。風俗店など少し怪しげな店も散見される。敷地は狭隘で四階建のビルにもかかわらず、階段は一つしか作れそうもない。苦心の末、Aさんは全面道路側に階段を一つ設置し、一階から四階までに小さなテナントを入れる基本設計を提示した。
　オーナーの了解も出たので、詳細設計を進めていくうちに、オーナーの要求が微妙に変化してきたことに気付いた。協議を重ねていくうちに、飲食店や居酒屋もテナントとして募集する事業計画であることがオーナーから明らかにされた。飲食店が入るとすれば、階段が一つだけでは危険である。さて、Aさんはこのまま事務所ビルとしての設計を進めるべきか、飲食店として設計をやり直すことをオーナーに提案すべきか。

事例における問題点

　この架空シナリオにおいては、建築士は難しい判断に迫られる。事務所ビルとして建設した後に、内部を改修して転用するのであれば、安全を軽視した行為である。しかし、自分が受注したのはあくまで事務所ビルの設計業務である。オーナーが建築のことをよく知らないのであれば、教えてあげたほうがよいのだが、余計なお節介と言われたら、オーナーとの信頼関係を損なってしまう可能性もある。

改善の方向性・アイデア

幾多の事例が示すように、安全を軽視した建物の火災による惨事は繰り返し起こっている。しかも犠牲になるのは建物利用者であって、自分が住んでいなければオーナーは死ぬことはない。だから、オーナーには安全に投資するインセンティブがあまり働かない。一方で、労働安全衛生の観点からは、防火設備をきちんと付けたはうが、コスト的にも有利であるという分析を過去の多数の火災事例を元に行い、防災投資に対する意識改革を説いている主張もある[5]。従業員の生命を金銭で購うことへの違和感もあるが、客商売で死者を出すと、事業そのものが破綻するのは過去の火災事例にほぼ共通している。

安全は設計するものであり、お金を払って積極的に買うこともできる。オーナーの事業に伴う火災危険の程度を察知し、必要な対策を安価に提供することができれば、ある割合のオーナーは積極的に安全を買うであろう。米国では、防火技術者協会（SFPE, Society of Fire Protection Engineers）[6]が中心となり、火災防御システムを合理的に構成する職能が成立している。認定された防火技術者の設計・監理があると、火災保険料が割引きされるという経済的メリットが用意されている。「人命を金に置き換えて勘定するのはけしからん」という考え方も根強いが、安全に対する経済的メリットが明示的になれば、自助努力によって建物を安全にするオーナーが増えるのではないかと思う。

［参考文献］

（1）「小規模雑居ビルの防火安全対策検討報告書」二〇〇一年十二月、総務省消防庁
（2）報道各社の情報による
（3）国土交通省「兵庫県宝塚市のカラオケボックス火災への対応について」二〇〇七年一月二三日
（4）報道各社の情報による
（5）森本宏『防火教訓が風化している』近代消防ブックレット、No.5、6および12、近代消防社、二〇〇一〜二〇〇三
（6）防火技術者協会ホームページ　www.sfpe.org

6　設計技量の低下とトレーサビリティ

設計に携わる一人一人をみると誠実に取り組んでいても、組織全体として問題をかかえていることもある。以下では、病院設計のプロセスを追跡し、問題発生の仕組みをはっきりさせてみたい。そして、どのような改善策がありうるかを考えてみたい。

設計過程の事例

病院設計の事例をやや細かく述べ、問題の所在を明確化することにしたい。なお、この事例は、いくつかの事例をもとに構成されたものである。

あるゼネコンの設計部は、A病院より手術部、外来部、病棟部および厨房よりなる新築病院の建築設計依頼を受けた。設計部長Bは、Cをリーダーとして、C、D、Eの三人を、この設計業務の担当とさせた。Cは入社後一〇年で、DおよびEは六年および四年である。C、D、Eはそれまでに病院建築の設計の経験がなかった。

会社の資料室にある病院建築の図書、および当設計部が手掛けた病院建築の設計資料を取り寄せたが、対象建物よりも大きい事例のみであった。A病院側担当者、営業部、設計部長B、リーダーCを交えた打合せを数度にわたって行い、坪単価は病院建築としては、一割ほど低いものとしなければならないことになった。

一方、D、Eは、病院建築では意匠の優れたものが少なく、今回の担当では、意匠とくに立面に斬新な意匠を取り入れたいと考えていた。C、D、Eは、設計作業を進めていくなかで、病院建築の図書、当設計部による病院建築の設計資料の中には、規模、コスト、意匠の面で、今回の全体プラン設計の参考になる情報が少ないと判断した。もちろん、手術部、外来部、病棟部のそれぞれについての必要諸室、面積、機能等については参考にした。

C、D、Eの三名は、病院関係者（手術部、外来部、病棟部の各責任者と設計依頼事務担当者）より、施主サイドの要求事項のヒヤリングを繰り返した。C、DおよびEにより作成された基本計画図（1/200平面図・立面図）を、設計部長Bが承認した（一階に外来部門および厨房、二階にＩＣＵを含む手術ゾーン、三階から八階が病室である）。

上記計画案をもとに、病院関係者との打合せがもたれ、一部修正事項が発生した。Ｃ、Ｄ、Ｅの三名は基本計画図の修正作業に入ると同時に、構造、設備に関して、各担当者Ｆ、Ｇに設計依頼をした。その後、修正基本計画図をもとにＣ、Ｄ、Ｅの三名および病院関係者の了解確認がなされた。Ｃ、Ｄ、Ｅ、および構造、設備担当者の設計作業がほぼ終了し、設計部長Ｂは、最終図面の確認をし、これを承認した。

この建築の立地場所であるＨ市の建築課に確認申請をしたところ、当該市では、市条例により、ある規模以上の病院建築にあっては、防災計画書の作成と専門家による評価を受けることが義務付けられていると市建築課係員より知らされた。Ｃは、設計部長Ｂの了解のもとに、Ｅおよび防災計画書の作成の経験のある設備担当Ｇに、防災計画書の作成を頼んだ。防災計画書が作成され、防災計画評定業務を行っている団体に防災計画の評定依頼の申請がなされた。

依頼を受けた団体では、この評定に専門家Ｉ、Ｊが当たることになった。両専門家は、図面・資料を見て、一階厨房直上に手術室がある点について疑問を抱いた。手術中の火災では、手術患者は手術ゾーンに籠城するしかなく、また、本建築の中で出火点として最も可能性のある場所が一階厨房であり、一階厨房火災がフラッシュオーバーにまで達した事態では、その直上の手術室床スラブ上面の温度は二五〇〇度を越えることが予想され、手術患者らの籠城は不可能と容易に考えられるからである。また、手術室から階段に至る廊下部分の側面はガラス窓となっているが、この直下には、厨房の自然排煙口となっており、厨房火災の煙が手術ゾーンに入り込む可能性と、火炎による上階延焼の可能性もあった。

設計者サイド（C、D、Eおよび設備担当G）と専門家との打合せが行われ、両専門家は、この二つの問題点を指摘し、何らかの改善策を講じるべきと設計者サイドに伝えた。専門家Jは、防災の問題点と同時に、提出資料の計画案には大きな難点があることに気付いていた。つまり、厨房への食品の搬入・生ゴミなどの搬出経路が独立してとられておらず、外来の待合部分をそれらの動線が通過してしまう点、手術室真下に厨房を配置したため、外部から手術室への緊急患者搬送経路が独立してとれず、病室階への一般のエレベーターを経由しなければならない点である。これらは、病院建築の基礎事項なので、少しでも検討しておけば手術室真下に厨房を配置するというきわめて稚拙なプランの不都合を避けることになったはずであると考えた。しかし、防災とは別のことなので、これらの建築計画上の問題点については伝達しなかった。

一週間後、設計者サイドと専門家との打合せが再度行われ、設計者は、手術室ゾーンの床を二重スラブとする改良案を提示するとともに、設備担当Gは自信をもって手術室床面温度の上昇を軽減できることを示した。

専門家Jは、普通に手術室と厨房の位置をずらすだけで解決しうるのに、コストのかかる二重スラブ案を提示したことに驚いた。この無駄なコスト上昇の理由を知ることもない施主が支払うことになることに、専門家Jは腹立たしさを感じた。専門家IとJは、協議の上、この二重スラブ案は、防火対策上の問題が解決しているとして、この案を了解した。

各段階での問題点

以下に、各段階での主要な場面ごとの問題点を示す。

（イ）設計部長Bは、病院設計の経験のない設計者C、D、Eを担当させるのであるから、経験不足を補完するため、ゼネコン内デザインレビュー（設計案を多数の目でチェックする制度）の活用などを事前に検討すべきであったと思われる。

（ロ）設計部長Bが、後に専門家Jが気付く問題点に気付かない（あるいは無視する）ことは問題である。設計部長の判断能力の欠如は、職務を果たしておらず大きな能力的問題である。また、気付いていて指摘をしないとしたら、重大な倫理的問題である。
（ハ）　かなり設計が進んだ段階から構造や設備の担当者が参加したために、防災評定の必要性が後になってわかるなどの不手際が生じた。もしも早期に参加していれば、手術室の二重スラブというコストのかかる問題を発生させなかった可能性もある。ゼネコン設計部は、意匠設計→構造設計→機械設備設計→電気設備設計という設計の流れがあるが、設備設計者が意匠設計上の改善案に気付いても、（重要なものでなければ）意匠設計の変更は時間的、金銭的（人件費）、制度的に困難であることに問題がある。
（ニ）　専門家Ｊは、建築計画上の難点に気付きながら、防災評定業務範囲外として指摘しなかったのは、未然に防げる施主の不利益発生に結果的に加担している。余計なお世話と言われるかもしれないが、評定とは別に、非公式に設計者に伝えることは可能であった。
（ホ）　厨房の上に手術室を配置するという建築計画上の不備を、二重スラブという他の技術で安直に補完しようとする思考形態に問題がある。

全体的問題点と課題

（イ）　設計の稚拙さによって生じたコスト増を、その経緯も理由も知らない施主が支払っていることが最大の問題である。これには直接、二重スラブ案を提案した設計者（C、D、Eおよび設備担当G）の責任、難点のある設計案を黙認している直接の上司である設計部長Bの責任、防火上の問題にのみ言及し、理由なきコスト増に関与しない立場をとる専門家I、Jの責任をどのように理解するかにより対応が分かれる。一応、上司である設計部長Bの責任とみるべきだろう。また、専門家I、Jは防災計画の評価についてのみ役割責任があるので、コスト増問題の責任はないものの、倫理的な責任の問題は残る。

（ロ）　設計の稚拙さを生んだ背景に、単に、設計者として知っておくべき点を知らないでいた設計者（C、D、Eおよび設備担当G）がおり、問題を含む設計図書を黙認してしまう設計部長Bのような管理者がいるという、設計組織の構造的問題をどのように理解するかが問題で、（一）基本的設計知識、設計技能の欠落した設計組織の改善が必要であり、（二）設計組織のチェック機能を充実することが必要である。

（ハ）　法を犯してはいないが、不当な内容を含む設計を、施主が知ることもないという制度的問題があり、設計内容を評価する第三者機関が必要に思う。

問題の改善に向けて

上記の事例を通じて、次のような改善ポイントを示すことができよう。

Ａ　設計過程のトレーサビリティの確立

設計のどの段階で問題が発生したのか、どこに責任の所在があるのかがはっきりするような記録をとる。そのような制度や方法の開発が必要である。また記録作業が手間取らないようにするＩＴ技術の開発が必要である。

Ｂ　若手設計者の教育制度

若手設計者のために、従来は企業が投資してきたが、今後は減少の方向にある。そこで、実務レベルにまで教育できない大学教育と、職員教育に時間とコストをかけられなくなってきている企業との隙間を埋める「実技指導型大学院設計コース」もしくは「民間共同出資の教育センター」の設立が必要となってきている。

Ｃ　コンストラクションマネジメント（ＣＭ）制度の活用

施主にとって不利な設計がなされていることを隠蔽しないようにするため、また、設計者の技術向上インセンティブ誘発のために、ＣＭ制度の活用が考えられる。以下、このＣＭ制度の導入可能性について見当しておこう。

ＣＭ制度の活用の可能性を検討する

前述のＣＭ制度の活用が、どの程度可能性を有しているかを検討するため、設計過程にコンストラクションマネジャー（ＣＭｒ）が参画した場合に、先の事例の進展過程がどのように変化するか考察しておきたい。ＣＭｒがどの時点で設計過程に参画するかで、結果が異なると思われるので、それぞれについて検討する。

一、事業化計画（企画）段階

設計開始より以前に、発注者要求事項が整備されることになる。仮にＣＭｒがこの種の設計について経験が浅いとしても、事前に多くのケーススタディを行い、発注者要求事項が曖昧なまま上記のような体質の設計組織が選ばれることはない。

二、設計者選定・基本計画開始段階

どのような病院建築を期待するかによって、選ばれる設計組織は異なってくる。場合によっては、コンペ、プロポーザルが実施されることになる。事例で見られるような設計制約の多くは、ＣＭｒによってこの段階で明らかになる。

三、基本設計段階

基本設計の精査がＣＭｒにより行われる。したがって、事例にみられる二重スラブの不必要なコスト増が発覚し、設計変更が求められる。この段階で、工事費の概略積算が行われ、予算との開きがあれば、設計時ＶＥ（Value Engineering）などによりギャップを埋める努力がなされる。

四、実施設計段階

ＣＭｒにより、実施設計図書の精査が行われる。積算結果と予算との開きがあれば、設計時ＶＥなどによりギャップを埋める努力がなされる。遅くともこの段階で、事例にあるような不都合は排除されることになる。

五、工事発注段階

工事発注段階からＣＭｒが参加したとしても、設計図書の精査によって、事例のような不都合は排除される。

以上のことから、設計におけるトレーサビリティは、ＣＭの導入のみによって完全に確保されるとはいえないまでも、ＣＭｒが行う業務によって、設計のトレーサビリティが補完ないしは代替されうる。設計のトレーサビリティを徹底させるために、ＣＭｒにこれを業務として依頼することも考えられる。ただし、現段階では、多くの設計者が好ましく思わないと考えられ、そのためには設計者の意識改革も必要である。

7 建築関係者の競合と協調

日本の伝統工法である木造建築については、建築士資格を取得しただけでは十分な設計・監理ができない。これは建築業界の常識である。

新築住宅を前にして、その差異が取り沙汰される。施主の話題、設計者の話題、建設業者の話題がそれぞれにある。施主は理想の住まいを夢見る。具現化された建物には、建築業界の実体が見える。設計者の見識、施工者の力量が現れる。

終《つい》の住処に夢を抱く施主

ある熟年夫婦は、故郷に帰ってスローライフの田舎暮らしをする決心をした。相談相手を探しているうちに、友人の文学部教授に一級建築士を取得したばかりの子息がいることを知り相談すると、友人は是非息子にやらせてほしいと積極的に友人の頼みに応えるべく、大学院を出たばかりの子息を無理矢理説得して設計を承諾させた。施主は斬新なアイデアを期待して設計を依頼した。

施主となった熟年夫婦は、その一級建築士に「木造で自然に包まれるような住まい」というコンセプトを説明するとともに、故郷で工務店を営む旧知の棟梁に工事を依頼した。棟梁は、帰郷し住まいを構える夫婦の親の家守りをしていたこともあり、尽力を惜しまず木造軸組による真壁の入母屋造りを当然の工法として、材料集めを始めた。

一級建築士は、かねてより留学を希望しているフランスの雑誌から、プロヴァンスの田舎暮らしの事例を参考例にして設計案をつくった。フランス文学が専攻の父親の暮らしぶりが施主の希望のように思えた。

だんだんでき上がってくる設計図を見て、施主は自分の田舎の風景には似合わないと違和感をもつようになった。と同時に、玄関の狭いことが不満だったが、これも当世風なのだろうと納得し、設計料も安くしてもらった手前、新しい生活として受け入れることにした。

施主から相談を受けていた棟梁は、渡された一級建築士の設計図が、大壁による洋風住宅であることに驚き、製材所に特別な計らいで手配してもらっていた化粧材の多くが無駄になることを知った。また自分流のやり方でないことを察知し、この工事を弟子の大工にすべて任せることにした。

施主の希望は、一流の設計と一流の大工によるコラボレーションだったわけだが、一級建築士と棟梁とのコミュニケーションが取られておらず、まずコラボレーションが破綻した。この事態を施主は認識できなかった。

工事が始まった。施主と設計者が遠距離に居ることや、万事合理的に済ませたいという施主の希望もあって、地鎮祭や上棟式は現場任せとなり、設計者や施主が出席しない略式ですませることとなった。建前を終えた段階で、施主は唯一の贅沢として、和室に本格的な床の間を作ることを一級建築士に依頼した。一級建築士は専門書を見て書院造りや床の間のパターンを調べ、設計変更を行い、模型を制作した。早速施主に模型を見せ説明をして納得させるものができた。

一級建築士が和室の確認のため、施主とともに現場を訪れた。和室の床の間に取り付けられた背割りのしてある天然絞りの北山杉の床柱を見て、かつて読んだ本に「昔は柱材に背割りをしたが、強度が落ちるのでやめた方がいい」と書いてあったことを思い出し、取り替えるよう命じた。これを見ていた施主は、よく手抜き工事を見抜いてくれたと一級建築士をほめ、感謝の言葉を口にした。

大工は指示に従い、床柱を取り外して背割りのしていない、当初の天然絞りよりはるかに安価な人工絞りの北山杉を取り付け、一級建築士の確認を取り付けた。変更工事の費用は大工持ちということで、当初の天然絞り丸太の値段の見積額のまま和室工事費の請求書を作成した。

無事、工事が竣工した。竣工検査には棟梁が立ち会った。和室の床柱に気が付き、請求書の明細と照合して大工を問いつめた。大工は一級建築士がそれでいいと認めた、施主も了解していると反論した。棟梁は施主に事情を説明し、床柱の材料費の差額を減額した。施主は関係者に感謝の気持ちを込めて、竣工祝いの酒席を設けた。そこで棟梁が一級建築士の資格をもっていることを初めて知った。棟梁が謡った祝いの謡曲を聞いて、施主は初めて故郷の父親がこの棟梁を大事にしていたことに気が付いた。

ここで取り上げる事例は、施主の夢の実現に尽力した関係者相互のコミュニケーションの不足が、仕事を進めるにあたって弊害となった例である。そして一級建築士の力量不足と工務店の不作為の行為により、施主は適切な技術が採用されない不利益をこうむった。

コミュニケーション不足がもたらす不作為

暗黙の了解の弊害

友人に自分の息子を一級建築士として紹介した教授は、施主となる友人が、どのような状況で、どのような家を望んでいるか、それを息子が実現できるか、ということに疑問をもたなかった。一級建築士であるからには、十分に期待に応えてくれると信じていた。友人のために息子が働く。それが息子のデビューにもなる。いい施主といい建築士が出会ったのだから、いい家ができると理解していた。ということで、悪いようにはならないという友人同士の暗黙の了解があった。

ここで確認しておくべき大事な点が落とされていた。つまり、施主がどのような家を望んでいるかということを、設計を引き受けた一級建築士は確認していなかった。また施主は希望する家の設計者として、その一級建築士が適切かどうかということを確認していなかった。悪いようにはしないという施主と紹介者の暗黙の了解事項がすべてであった。しかし紹介者である教授には、子息をデビューさせたいという親心があった。一方施主には、設計料が安くてすむという思惑があった。

棟梁は施主の父親に、職人として育ててもらった恩義がある。そこで、親世代との関係がそのまま継続されるという思い込みで、施主の依頼を引き受けた。当然仕事の進め方も、施主の好みも親世代と変わらないものと考えていた。施主も親が信頼していた棟梁だからという思いから、「万事よろしく」と頭を下げた。ここで施主は、設計が別の建築士であることを当然のこととして棟梁に話さなかった。棟梁は入母屋造りを当然のこととして、施主に確認しなかった。お互いどこまでの依頼か、内容を確認しないままに口約束をした。万事よろしくは、万事でなかったことになる。

また、施主と友人の文学部教授は、建築士の職能に対する認識不足から、一級建築士は大工棟梁より有能という暗黙知のもとで安易な設計者選定をした。両名とも、若者の住宅に対する設計の力量を、資格があるから十分という理解をしていた。また友人の子息ということで、悪いことは起こらないという先入観があった

暗黙の了解だけで進行してしまったコミュニケーションのあり方が問題である。

施主と建築士のコミュニケーション不足

終の住処に夢を抱く施主の思いを、この一級建築士は理解していなかった。施主の意向を「都会人の田舎暮らし」と単純化して理解し、フランス文学者の父親の友人ということで、父親をイメージして施主の住まいを考えた。そして建築の創作作業に没頭してしまっ

た。建築士の個人的イメージを勝手に広げてしまったことになる。それは施主の老後のためではなく、自分の創作意欲実現のための仕事となった。そのような展開が起きていることを、建築のプロセスをよく理解していない施主はまったく予想していなかった。

なぜこの家を建てるのか、という施主の思いが伝えられていなかった。どのような生活がしたいかということも曖昧なまま確認作業がなされなかった。住まいづくりのキーワードが、施主と建築士の間の共通認識となっていなかったことが問題である。

建築士と職人のコミュニケーション

大工職人の世界と現代社会の若者であり知的エリートでもある若手一級建築士の乖離が問題である。

一級建築士は、施工者である棟梁とコミュニケーションを取ることを怠っていた。設計図を渡せば万事お任せで、棟梁の力量によりいいものができると考えていた。施主も地鎮祭や上棟式を省略したことで、棟梁と設計者の間を取りもつ機会をなくしてしまった。そこで棟梁が弟子に仕事を投げてしまったことの意味を理解していなかった。

背割りの床柱を取り替えさせたことについても、一級建築士は大工の言い分を聞く耳をもたなかった。たしかに小径木の場合、背割りによって強度が落ちることはあるが、この事例のように、室内が乾燥することの予測される高気密・高断熱の建物内部の太径床柱であるから、背割りは必要である。それは大工の常識といってもいい。ところが経験不足の一級建築士には、書物とインターネットにある情報で勉強したことのほうが正しいことであった。

現場責任者となった棟梁の弟子と設計者である建築士が、現場で膝を交えて技術検討するようなことはなかった。設計者として現場を監理する能力がないことを建築士は自覚していなかった。木造建築現場での出来事について、それは職人が解決する問題と決めつけ、施主とも相談することをしなかった。設計者は施主の代弁者として、棟梁と十分に相談する義務があった。

請負工務店（棟梁）と施主のコミュニケーション

設計者の木造建築に対する無知を知りながら、施工者である工務店棟梁も対策を取らなかった。現場を経験の浅い弟子に任せ、大人の態度で設計者を指導することがなかった。また、この事態を施主に説明することもできなかった。

施主は、建てたい家がどのようなものであるかを十分自覚できないままに工事を進めてしまった。そこで棟梁の技芸を活かすチャンスも失ってしまった。この工事の設計者が経験不足なことを知りつつ現場監理を任せたため、背割り事件に代表されるような不利益を被ることになった。

問題の改善に向けて

教養としての建築

現代社会のなかで、自己防衛のためには綿密な確認作業が不可欠である。人間関係を頼りにした暗黙の了解が成立するのは、限られた範囲である。

住宅を持つについても、住宅建築についての基礎知識が必要となる。これは一般人の教養としてもっと情報発信があっていいと思われる。この教養を身につける機会を、社会の中でどのように具現化していくかが課題である。大学の教養科目として、生涯学習の講座として、その他さまざまな展開が期待できる。建築専門の側には、日本の住まいを求める施主に応えられる学習が求められる。この事例では、建築工事にかかわる職能の理解、銘木など素材の知識を施主がもっと持っていれば、被った不利益は防げたかもしれない。

資格と職能

この事例では、棟梁という職能と一級建築士という資格が相容れない状態となって、いい仕事ができるはずの環境がうまく機能しなかった。日本の伝統工法である木造建築については、大学等で十分な教育が行われていないため、一級建築士資格を取得しても経験不足な設計者には、十分な設計・監理ができない。そこで、技術を伝承するための学習機会が必要である。大学や専修学校での専門講座、建築士会継続能力開発（ＣＰＤ）制度による自己研鑽、専攻建築士制度による棟梁専攻建築士の活躍、日本建築家協会実務訓練制度などがあるが、いずれも今後の可能性として注目しなければならないところである。

職能については、それを理解し依頼する側の問題と、求められる職能を身につける側の問題があるわけだが、職業としての建築を営むことの課題を問い続けるところから解決していくしかない。

ものづくり、家づくりを楽しむ

家づくりはビジネスではない。商品を買うようなものでもない。施主には注文をして一品仕上げてもらう楽しみがあるはずである。そしてつくる方には、仕事を全うすることの誇り、発注者に喜んでもらうことでの満足感があるはずである。その前提として、設計者と施工者と施主のコミュニケーションがある。このような状況を体験すること、させることが一番の解決方法だと思う。

8 縦割り設計組織でのコミュニケーション

縦割り型組織の問題を検討しておこう。自分の担当範囲を限定されたものと思い込み、その限定された範囲の中で判断しているために不利益が発生している。このことを、事例を通して理解してみたい。実際の利益・不利益は数値で表しにくいが、以下の事例文中では、利益・不利益の発生メカニズムを理解するため、数値で利益・不利益を表すが、数値は、その大小関係が意味あるものにすぎない。

意匠設計部門と設備設計部門のコミュニケーションの齟齬《そご》

ある中規模の設計事務所で事務所建築の設計を受注し、意匠設計担当のAがリーダーとなり、意匠設計の若いスタッフと設計を進めることとなった。ただし、設備に関しては、設備設計部門の担当者Bが、構造設計はCが担当者となった。

設計当初の段階で、意匠設計部門では、この規模の事務所建築で従来採用してきた、中廊下の両端に階段室を持つ両端コアタイプのプラン（以下「両端コア案」と略す）を検討した。しかし、隣接地に類似したファサードの事務所建築があること、施主が好んでいないことから、この案を断念した。設計が進み、意匠設計部門の基本計画案として、カーテンウォール・中央コアタイプのプランを基本プランとすることとした。意匠設計担当者は、これを具体化し、中央コアⅠ案と中央コアⅡ案を作成していた。これまで、この規模の事務所建築の設計では、設備設計部門からのクレームがくることがなかったため、この段階での基本計画内容を設備設計部門に伝えることはしなかった。このような状況では、意匠および使用機能上、中央コアⅠ案のほうが中央コアⅡ案よりも望ましいと、意匠設計部門では判断していた。

一方、受注した事務所建築の規模がやや大きいことから、意匠設計と同時に設備設計も進められていた。設備設計部門では、両端コアタイプのプランになるものと想定した。この場合、火災時の廊下排煙として、機械排煙方式とする案（以下「機械排煙案」と呼ぶ）が最初に検討された。この方式だと、自然排煙のときに必要になる開口部のデザインをめぐって意匠設計といがみあうこともない。しかし、従来採用されてきた両端コアプランを想定すると、この場合、廊下両端部までの距離が六〇メートル未満であるため、火災時の排煙設備は、両端部に開口を有する自然排煙方式が採用でき、大幅にコストダウンが期待できる。そこで、機械排煙方式（機械排煙案）ではなく、自然排煙方式を採用する計画とし、廊下天井裏は、換気ダクトのみが通る計画を想定した。

また、地下防災センターまわりも、機械排煙関連の設備や機械排煙縦ダクトがないため、コンパクトで効率的な設備設計が期待できた。そこで、機械排煙設備のない、自然排煙Ⅰ案と自然排煙Ⅱ案を候補案とした。設備設計部門としては、自然排煙Ⅰ案は自然排煙Ⅱ案よりも設備効率が良いと判断している。

意匠設計部門と設備設計部門は、目立って反目しあうことはないものの、互いの立場を尊重したり、意見交換を密に行うこともなかった。

意匠設計と構造設計のすり合せは頻繁に行い、中央コアⅠ案および中央コアⅡ案とも、構造設計上、無理がないものと判断された。

この結果を受けて、意匠設計部門と設備設計部門との打合せ会議がもたれることとなった。この会議で、中央コアⅠ案・中央コアⅡ案ともに中央コアプランであり、廊下排煙を自然排煙方式とすることが困難であること、もしも自然排煙方式とすると、廊下の一部が建物外周と接する部分をもつ、事務所面積上効率の悪いプランに変更せざるを得ないこと、逆に機械排煙方式を採用すると、中央コアに機械排煙の縦ダクトが必要になり、さらに各階で水平ダクトが天井裏に入ることになるが、梁下と天井とのクリアランス寸法から、ダクトを入れるスペースがなく、階高寸法等の設計変更が必要になることがわかった。以上の問題に関して、以下のことが確認された。

・両端コアプラン、機械排煙方式という組合せは、設計期間上、不可能に近いので、除外して考えたい。

・意匠設計部門としては、中央コアⅠ案でいきたい。自然排煙の場合でも、できるだけ面積効率や意匠に問題を発生させない自然排煙の開口部を確保する案で詳細をつめる。

・設備設計部門としては、自然排煙方式のうち、自然排煙Ⅰ案としたい。中央コアプランでも、廊下が外周に開口部をもてるように、廊下プランを修正してほしい。

この結果を受けて、両部門は中央コアⅠ案と自然排煙Ⅰ案を組み合わせた計画案（以下、この組合せを「中央コアⅠ・自然排煙Ⅰ」と表記する）の詳細設計を完成させた。

しかし、両部門の担当者には、不満が残った。

ゲーム理論によって事例を解析してみる

各部門の価値判断の定式化

上記の事例について、問題点を明確にするため、ゲーム理論の考え方にそって問題を定式化しておこう。

まず、問題の生じなかった構造設計者は除外して考えてよいだろう。また、意匠設計部門のリーダーAと若いスタッフとの間でのトラブルもないことから、意匠設計者Aと設備担当者Bの二人だけを考える。

上述の事例では、意匠設計者Aは、機械排煙設備の想定のもとで、両端コア案を除外して考えたこと、中央コアⅠ案のほうが中央コアⅡ案よりも良いと判断したことから、Aの評価値の大小関係は、次の順になっている。

- 「中央コアⅠ・機械排煙」のAの評価値――①
- 「中央コアⅡ・機械排煙」のAの評価値――②
- 「両端コア・機械排煙」のAの評価値――③

また、打合せの段階で、中央コアⅠ案のほうが中央コアⅡ案よりも良いと判断したことから、

・「中央コアⅠ・自然排煙Ⅰ」のAの評価値のほうが「中央コアⅡ・自然排煙Ⅰ」のAの評価値よりも大きい

といえるし、また、

・「中央コアⅠ・自然排煙Ⅱ」のAの評価値のほうが「中央コアⅡ・自然排煙Ⅱ」のAの評価値よりも大きい

ということもできる。

一方、設備担当者Bは、両端コアプランの想定のもとで、機械排煙案を除外して考えたこと、自然排煙Ⅰ案のほうが自然排煙Ⅱ案よりも良いと判断したことから、Aの評価値の大小関係は、次の順になっている。

・「両端コア・自然排煙Ⅰ」のBの評価値 ―――― ①
・「両端コア・自然排煙Ⅱ」のBの評価値 ―――― ②
・「両端コア・機械排煙」のBの評価値 ―――― ③

また、打合せの段階で、自然排煙Ⅰ案のほうが自然排煙Ⅱ案よりも良いと判断したことか

表1　提案の組合せとその評価値

A（意匠設計者）の選択肢	B（設備担当者）の選択肢		
	機械排煙	自然排煙Ⅰ	自然排煙Ⅱ
両端コア	(6,6)	(0,10)	(6,9)
中央コアⅠ	(10,0)	(3,3)	(9,1)
中央コアⅡ	(9,6)	(1,9)	(8,8)

ら、

・「中央コアⅠ・自然排煙Ⅰ」のBの評価値のほうが「中央コアⅠ・自然排煙Ⅱ」のBの評価値よりも大きい
・「中央コアⅡ・自然排煙Ⅰ」のBの評価値のほうが「中央コアⅡ・自然排煙Ⅱ」のBの評価値よりも大きい

となっている。

上記の評価値の大小関係は複雑なので、これらの大小関係を満足する表1（表1の各欄には、意匠設計者Aの評価値と設備担当者Bの評価値を並べて表記してある）の数値例を仮定し、この数値例のもとで、問題点を解明することにしたい。

現状における非合理性

上記の定式化のもとで、意匠設計者Aと設備担当者Bの判断は合理的であったのだろうか。

意匠設計者Aは、設備設計サイドの提案がどうなるかは設備担当者Bが決めることなので、機械排煙案、自然排煙Ⅰ案、自然排煙Ⅱ案のそれぞれの場合に、より評価値の高いものを調べてみる。

設備設計サイドの提案が機械排煙案の場合には、両端コア案では6、中央コアⅡ案の9に比べて中央コアⅠ案で評価値は10と最高になり、中央コアⅠ案がよい。設備設計サイドの提案が自然排煙Ⅰ案の場合には、両端コア案で0、中央コアⅡ案の1に比べて中央コアⅠ案で評価値は3と最高になり、中央コアⅠ案がよい。

設備設計サイドの提案が自然排煙Ⅱ案の場合にも、両端コア案の6、中央コアⅡ案の8に比べて中央コアⅠ案で評価値は9と最高になり、中央コアⅠ案がよい。

設備設計サイドの提案がいずれの場合でも、中央コアⅠ案を採用することが、自分の評価値で最高になるので、意匠設計者Aが中央コアⅠ案を採用することは合理的である。

同様に、設備担当者Bの判断を見てみると、意匠設計の提案が、両端コア案、中央コアⅠ案、中央コアⅡ案のそれぞれの場合で、設備担当者Bの評価値が最大なのは、いずれも自然排煙Ⅰ案のときであることがわかり、設備担当者Bが自然排煙Ⅰ案を採用することは合理的である。

以上の検討から、意匠設計者Aと設備担当者Bは、自己の評価値に照らして最大の評価値のものを選択するという意味で、ともに合理的な判断をしているということができる。

このとき、各自が合理的判断をして、中央コアⅠ案と自然排煙Ⅰ案という組合せが達成され、結果として、両者の評価値は（3,3）となっている。

しかし、各自が自己の評価値に基づいて合理的判断をした結果だからといって、「結果」の合理性が達成されているとは限らない。

たとえば、各自にとって合理的とはいえないものとして、意匠設計者Aが中央コアⅡ案を提案し、設備担当者Bが自然排煙Ⅱ案を提案し、中央コアⅡ案と自然排煙Ⅱ案という組合せが達成されると、結果として、両者の評価値は（8,8）となる。この場合、両者が合理的な判断したときの（3,3）と比較すると、意匠設計者Aにも設備担当者Bにも、より高い評価値のものが得られる。

つまり、合理的判断の結果達成される組合せよりも、もっと両者の評価値が向上する組合せが存在しているのである。この意味で、各自が合理的であっても、結果が合理的になるわけではないことがわかる。

その意味で、各自が合理的判断をすることを「局所合理性」と呼び、この結果が全体的には、合理的な状況に必ずしもならないことに注意したい。

問題の改善に向けて

局所合理性をどう克服するのか

技術の高度化の中で、建築に携わる人間や組織の専門化は避けがたいように見える。しかし、専門化の結果として、全体的な協調関係がくずれ、かえって、より優れた建築の創造を阻害することもある。上記の事例問題の解決を探ってみたい。

厳密なゲーム論的な解析は紙面の都合で省略するが、解決の可能性には、次のようなものがある。

上述の議論では、各自は他者の選択肢について認識しているが、評価値については、自分の評価値のみの情報で判断している。もしも、他者の評価値について知ることができれば、このジレンマ的状況から脱出できる可能性がある。他者の評価がわかれば、他者の選択行動が予見でき、それにもとづいて自分も選択肢を選ぶというわけである。たとえば、先の例で、中央コアⅡ案と自然排煙Ⅱ案の組合せで、両者がともに8という良い評価値となることを知って、意匠設計者は中央コアⅡ案を、設備担当者は自然排煙Ⅱ案を選択するのである。

しかし、これは可能性にすぎない。実は、この状況では、他者を裏切るという可能性があるからである。たとえば、意匠設計者が中央コアII案を提案することを知った設備担当者は、自然排煙I案を提案することで、自分の評価値を8より大きい9となるようにできる。同様に、設備担当者が自然排煙II案を提案することを知った意匠設計者は、中央コアI案を選択して、自分の評価値を高めることができる。

このような裏切りを防止する完璧な手立てはないが、両者が事前に十分話し合い、ともに望ましい選択肢を選ぶことをする以外ない。つまり、利害や価値観の異なる部門間でのコミュニケーションの役割は大きいのである。

9　想定すべきことの認識

想定外問題には、二種類の型があると考えられる。一つは、「想定したくても想定できない」という型の問題、一つは、「その気になれば、あるいは、気が付いていれば想定可能であるにもかかわらず想定をしない」という型の問題である。

前者は、たとえば、次のような場合、問題になる。用途に応じて建物の仕様や性能の基準が定められているのだが、ある用途に該当する基準がない場合である。この場合、当該用途に近い用途の建物に関わる基準に読み替えて代用することがあるが、読み替えが適切ではないと、当該用途の建物として必要な仕様や性能を提供しがたい基準を適用することになる。後者には、意図的に想定しない場合と想定を失念する場合とがある。いずれの場合においても、あらかじめ想定しておけば回避できた問題が顕在化したときに問題になる。

事例：省エネルギー建築の設計における想定外問題

建設会社の設計部員Aは、製造業を営む企業Bの本社ビルの建築計画と意匠設計のリーダーとして担当することになった。B社の本社は福岡にある。「地球環境への配慮」を推進していることで知られており、製品の省エネルギー性能だけではなく、日本各地にある事務所、工場、ショールームでの省エネルギーへの取り組みの様子は、しばしば、テレビ番組や雑誌で紹介されている。

Aは、入社以来B社を担当してきている。入社して最初の仕事は、同社の北海道支社の事務所建築の設計補助であった。B社の担当者や設計チームの先輩たちに叱咤激励されながら仕事を学んだ。北海道支社はダブル・スキンの建物である。省エネルギーをねらうガラスのファサードの意匠が美しく、暖房負荷が同地域の既存の建物よりも軽減されていることが実測によって検証されたことから、ある省エネルギー推進組織の奨励賞を受賞した。その後、仙台にある東北支社や盛岡営業所のビルでもダブル・スキンを採用し、意匠と機能が融合したB社社屋のスタイルを定着させた。

企業Bの営繕担当者Cは、「本社ビルは、これまで以上に、地球環境への配慮をアピールできる建物にしてほしい」とAに伝えた。CはAを弟分のように可愛がっており、本社ビルの設計では是非とも腕を発揮してほしいと願っている。AはCの期待に応えようと、これまで以上に気合いを入れて取り組み、B社の建物のスタイルとして定着しているダブル・スキンを超える省エネルギー事務所建築の新機軸を実現させることを目標にした。

福岡やその周辺の建物、福岡に似た気候をもつ地域の建物の形態を、バナキュラーなものから現代建築に至るまで調査した。札幌や仙台に比べると日射量が多い福岡では、最も外側の外皮にガラスを用いるダブル・スキンよりも、気候に適合する形態があるに違いないと直感していたからである。ある日の現地調査で、広々とした公園の向こうに樹木に覆われたガラスと鉄の段丘のような建物を見たときに、福岡の気候にあった省エネルギー建物にはこれしかないと確信した。

設計部員Aは、その建物のエネルギー的なメカニズムを建築専門誌や学術誌で調べ、同様のメカニズムをもつような建物を構想し、「樹木が建物にあたる日射を遮蔽し、樹木が植えられている土が断熱と蓄熱をすることによって、冷房期のペリメータ負荷を低減できる。階段状に設置されたガラスの開口部の開閉によって空気の流れを制御することで、外気冷房によるインテリアの負荷の低減や快適性の向上を図ることができる。福岡にはこれしかない。」とCに説明した。

CはAのアイデアに興味を示し、そのアイデアに基づいて設計を進めることになった。まず構想に基づいて基本計画を策定してプレゼンテーションを行い、B社営繕担当役員Dに基本計画の承認を得てから、具体的な実施設計に入ることにした。実施設計と建築環境やエネルギー消費のシミュレーションには、これまでの経験から、半年程度かかると見込まれたので、遅くても確認申請予定日の半年前までには、基本計画のプレゼンテーションを行い、承認を得る計画をたてた。

Aは樹木で被覆された建物の冷房負荷が、ダブル・スキンの建物よりも小さいことを、少なくとも定性的に確認しておこうと、環境共生建築や省エネルギー建築の解説書を調べた。しかし、冷暖房負荷や建築環境の計算手法の多くは、建物の構造や仕様が設計図として描けるくらい明確に定まっていることを想定しており、未だ漠然としている個所がいくつもある基本構想の段階で、設計案の比較検討やアイデアの取捨選択のために簡便に適用できそうなものはないようにAには思われた。また、冷暖房負荷の概算手法もあったが、想定されている建物の構造や仕様が一般的なものに限られており、ダブル・スキン、樹木での被覆、自然換気空調の効果の予測に応用する方法がAには思い浮かばなかった。

そこで、技術研究所に勤務する同僚Eに相談したが、建物の具体的な構造と仕様が明確になっていないと、建築環境やエネルギー消費のシミュレーションはできないとの回答を得た。定性的でも構わないから両者の長短を比較する方法はないものかと尋ねると、Eは建物の詳細な情報があれば精緻なシミュレーションによって設計案の定量的評価ができるけれども、設計案が漠然としている状況では、不確定な要素が多いから長短の比較は、定性的にであってもできないと説明した。そこでAは、建築環境学の知識と自分の直感に基づいて、外部を樹木に被覆されたアトリウムをもつ建物の構想を固めることにした。

設計部員Aにとっては、新しいタイプの建物であり、基本計画に想定以上の時間を費やした。B社役員Dらへのプレゼンテーションがなされたのは、確認申請予定日のちょうど半年前だった。Aは自信をもって基本計画を説明した。建物の省エネルギー性能の予測は、この段階では、Aの知見に基づく定性的なものであるが、実施設計を行い、精緻なシミュレーションを行えば、必ず良い結果を得ることができるはずだと主張した。役員Dは思案した。新しい構想は魅力的だし、成功すればさらなる「地球環境への配慮」をアピールできるが、省エネルギー性能を確信できる客観的な判断材料がないので、成功するか否かが不確定である。好ましいシミュレーション結果が出ない場合に、実施設計を修正する時間的余裕はない。失敗すると責任を追及されかねない。

一方、B社が札幌、盛岡、仙台に建てたダブル・スキンの事務所ビルは、いずれも省エネルギーを実現している。新しい構想ではなく、ダブル・スキンを採用したほうが無難であろうと役員Dは判断し、Aの提案を却下し、ダブル・スキンの事務所ビルにするようにA、Cらに伝えた。ダブル・スキンは環境共生建築における代表的な手法であり、ファサードをダブル・スキンにすれば、地球環境に配慮していることが一目瞭然である建物になると力説した。また、もう少し早く基本計画の説明をしてくれたならば、新しい構想の実現のために試行錯誤を行うことができたのに残念であると付け加えた。

設計が進み、B社本社ビルの具体的な構造や仕様がほぼ定まったので、建築環境やエネルギー消費のシミュレーションによって省エネルギー性能の予測をすることになった。Aと同僚の技術研究所員E（建築環境学が専門）が担当した。シミュレーションの結果、おおむね省エネルギー性能があるが、多少の懸念事項があることも予測された。建物が北海道や東北地方の気候において省エネルギー性能を発揮するように最適化仕様になっていること、福岡の気候に合わせて省エネルギー性能を発揮させるためには多少の仕様変更が必要であること、外気温が特に高く日射が強い時期に冷房が効かない可能性があること、外気導入による自然換気空調を促進するためには、窓や通気口の開閉を建物内外の環境の状況に応じてこまめに行う必要があることなどである。

Aは、研究員Eの提案する仕様変更は大幅な設計変更を必要とすると判断し、現行仕様で工事を進めることにした。役員Dには「省エネルギー性能は期待できます。夏の猛暑時に若干冷房の効きが芳しくないことがある可能性があります。設置予定の空調機よりも高い能力の空調機を設置すれば、その問題を回避できますが、それはコスト面から現実的ではありません。おそらく、そのような時には他の建物でも冷房の機器は芳しくないでしょう。」と説明した。役員Dは短期間であるならば、自社ビルであることだし、何か工夫をしたり、我慢をしたりしてしのげるであろうと判断した。

竣工した建物は、環境共生を考慮した建物であるとB社の宣伝に用いられた。研究員Eは、B社の依頼により、省エネルギー効果を定量的に示すために建物の実測を行った。中間期の自然換気空調の効果をより高くするために、窓や通気口の開閉モードをきめ細かく設定し、実測協力スタッフたちと建物に常駐して自然換気の制御を行った。その甲斐があり、B社本社ビルの省エネルギー性能がデータとして示された。その後、常駐実測の期間が終了し、性能も示せたので、自然換気制御を行っていた実測協力スタッフは建物から引き上げた。窓や通気口の開閉モードは、マニュアルとしてB社本社ビルの管理センターに設置された。しかし、マニュアル通りに窓や通気口を開閉するためには、管理スタッフの人数が足りず、また、窓から粉塵が入るという苦情が社員から出たこともあったため、中間期の窓と通気口の開閉制御は中止し、この期間も冷房運転を行うことにした。

問題の分析

想定したくてもできない

設計部員Aは、自分が構想した省エネルギー建築の有効性を実施設計に入る前に確かめたかった。一方、建物の構造や仕様が具体的に定まっていないと、精緻な建築環境シミュレーションは困難である。通常、実施設計に入ってから構想を大きく変えることは、大規模な建築の設計では忌避される。基本計画に基づいて、建築計画、意匠、構造、設備の詳細な検討が並行してなされるからである。

設計案は、与条件から演繹的に導き出されるものではない。設計者の知識に基づく論理的な保証がない推論や直観的判断によって、構想候補の取捨選択がなされる。また、前例を踏襲することが無難であると判断する場合もある。新しいものごとの導入によって顕在化した失敗は、既存のものごとを継続することによる潜在的な失敗よりも目立つので、前者を選択したことによる責めを負うリスクがある。役員Dがダブル・スキンを採用することにしたことには、失敗リスクを回避するという理由がある。しかし、同時に、設計部員Aの構想の可能性を消すことにもなっている。

前例を踏襲すればうまくいくとは限らない

役員Dの頭には、ダブル・スキンの建物にすれば省エネルギーになるという図式があった。この図式は、北海道と東北地方に建設した社屋での成功例によってつくられている。だから、福岡でも同じメカニズムが実現されると判断した。役員Dは、ダブル・スキンは北海道や東北地方の気候に適合していたから成功したのであり、福岡の気候には適合しないかもしれないということは想定し忘れていた。前例を踏襲すれば無難であると考えて下した判断が、実は好ましくない帰結を生じさせることになったのである。

上記事例は、省エネルギーを中心にエピソードを展開している。ダブル・スキンを採用してガラス張りのファサードにすれば、大きな地震があったときにガラスが割れて飛散するということは想定していない。重要な観点が複数ある場合、ひとつだけの観点に偏った意思決定をすれば、その観点では最適かもしれないが、別の観点から見ると問題を孕んでいる意思決定をすることになりかねない。

問題の改善に向けて

想定したくてもできないことを減らす

多角的な想定をするには、想定しようとするものごとやその帰結の好ましさをある程度適切に判断できる仕組みがあると望ましい。日頃から経験的に認識されているものごとから、なんらかの法則性を読み取るように心掛けることは、そのような仕組みを個人的につくることの一助となろう。また、同様の課題に取り組む者の間での情報交換も有用である。多角的な想定の中から、ある想定の選択の有望性を実施設計に先立って見積もる方法があれば、リスクを軽減でき、新しい構想を試しやすくなるであろう。

現象に惑わされずに想定を柔軟に行う

何かを適用するときには、その適用条件を多角的に想定することが望ましい。観点や価値意識の異なる複数の人たちで議論することにより、意思決定の観点の偏りは、ある程度、解消できると思われる。不具合や問題の発生時に「よくあることである、だから対応しなくてもよい」、「想定外のことである、だから対応できなくてもしかたがない」などの発言を耳にすることがある。前者は、同様の事象が頻発しているが、特に対応しなくても大事に至った事例がないこと、すなわち、対応しなくてもよい些細な事象であるとみなされることを含意している。後者は、事象自体が発生を想定していない特殊なものであるため、対応できなくてもしかたがない、または、当該事象の発生を想定していても、それに対応することはしていないため、当該事象に対応しなくてよいということを含意している。あらかじめ想定して備えておけば回避できたかもしれない問題が生じたとき、想定していなかったことを反省するよりも、むしろ、そのような問題は想定の範囲外であり、不可避であったと開き直るような態度を取れば、専門家の姿勢という別の問題も生じる。

10　なし崩しによって意思決定の機会を喪失させるマネジメント

検討が不十分であるにもかかわらず、期限が迫っているからと、十分な検討に基づく意思決定の機会を喪失し、検討すべき事項がなし崩しになることがある。未成熟な技術の商品化や内容が漠然とした業務の発注の背景には、このようななし崩しがないとは言えない。スケジュール管理をして、内容を十分吟味した上で意思決定をすることが望ましいのだが、ステークホルダーの都合や事情により、必ずしも、予定通りにものごとが進むとは限らない。

業務が不都合な帰結をもたらした場合、原因や責任の所在を明確にして、善後策を検討したり、損害の賠償を求めたりする。このとき、不都合な情報を秘匿していたことが後に発覚すると、秘匿していた者の信用は失墜する。

事例：不都合なことを説明しないと、後になって信用を失う可能性がある

場面1　社会的ニーズをビジネスチャンスにしようとするもくろみ

電機メーカーDは、地球環境の保全や温室効果ガスの削減に貢献する製品を製造することによって、ビジネスチャンスを拡大しようと考えた。注目したのは、既設照明器具の電力消費量の削減である。老舗の照明器具メーカーは、低電力消費型の照明器具を開発している。しかし、既存の建物がその恩恵を受けるには、照明器具の交換を必要とする。そこで、既設の照明器具に付設して、明るさを損なうことなく電力消費量を削減する装置を、試行錯誤の末、考案した。装置は「省エネQ」という名称で売り出された。D社は設置実績をつくろうとして、つき合いのある企業や官公庁に、モニターという名目で廉価もしくは無償で設置し、製品の紹介と設置実績をホームページに掲載した。

建物管理会社Cも同様に、地球環境への関心の高まりをビジネスチャンスにしようと思案していた。省エネQの噂を聞きつけ、C社が管理する建物に設置するビジネスをD社と組んで行うことにした。C社とD社は、それぞれ、営業と商品製造という相互補完的な役割分担をした。C社は地球環境の保全や温室効果ガスに関心がありそうな管理組合に省エネQを紹介し、「未来の子供たちのために今できることをしましょう」と設置を促した。

マンション管理組合Aには、省エネルギーに強い関心をもつ理事Bがいた。日頃から地下駐車場の照明が明るすぎるので、照明の一部を常時消灯することを提案していた。管理会社Cは、省エネQを管理組合Aに紹介し、「一部の照明を常時消灯することなく省エネルギーを実現できる」と設置を勧めた。このマンションは規模が大きいので、設置されればかなりの利益をあげられると皮算用をした。理事Bは、省エネQを導入すべきであると他の理事たちに働きかけた。

管理組合Aは「電力使用料金の節約による導入費用の回収年数が、装置の耐用年数を上回らないこと」、「日常や非常時の通行に支障をきたさない明るさが実際に確保されること」を確認したいと照会した。D社の技術営業部員Hは少々困った。実は、省エネQは考案されるや否や商品化されたため、どの程度の耐用年数があるのか未だ確かめられていないのである。後者の照会には、見本品のデモンストレーションによって応えることができた。前者の照会に「わかりません」と応えると、採用してもらえないかもしれない。Hは「官公庁や企業の建物への設置実績が、省エネQの有用性を物語っている」と説明した。管理会社Cも、管理する建物での設置実績と評判に触れ、D社を応援した。また、設置に関わるマネジメントはC社が行うので、管理組合の手を煩わせないと付け加えた。

管理組合Aは、説明の全てに納得したわけではなかったが、試験的に導入して、実効性を確認できたら全面的に導入するという方針を固め、試験的導入のための費用を来期予算に計上することにした。管理組合Aは設置個所の選定、設置計画の策定、設置費用の見積をC社に任せることにした。

場面2　不十分な情報のもとでの意思決定

管理会社Cは、管理組合Aに見積書を提出した。見積書は、省エネQ設置工事一式と省エネQ設置マネジメント一式の2つの中項目からなり、設置工事一式の内訳には、省エネQの単価、数量、設置工事費（人件費）が記されていた。設置マネジメント一式は内訳がなく、設置工事一式の小計の一五パーセントが計上されていた。

管理組合Aは、設置マネジメントの具体的な内容の説明をC社に求めた。設置数の根拠、具体的な設置個所とその選定基準、D社が実施する設置工事への関わり方など、Aがマネジメントの範疇であると考えている内容について質問した。C社は「それらの具体的な内容は、発注が正式に決まってから検討する」と答えた。管理組合Aは、マネジメントの内容と費用の妥当性を判断することができないので審議を保留することにし、C社に設置マネジメント業務の具体的な計画と計画を踏まえた費用の内訳の提出を求めた。期限は特に定めなかった。発注までのスケジュール管理は、委託している管理業務の一部としてC社が行うものであり、計画と費用内訳の説明はしかるべきタイミングでなされるだろうと考えていた。

数カ月が経過し、来年度の事業計画と予算編成を行う時期が近づいてきた。管理組合AがC社に進捗状況を尋ねると、C社は精査中であると応えた。管理組合Aは、遅くとも来月には来期の事業計画と予算の原案を固めなくてはならないので、次回の定例会議で審議できるように、事前に計画と見積を提示するようにC社に伝えた。

計画書と見積書は、翌月の定例会議で提出された。計画は「省エネQの設置に関わるマネジメント」とのみ記され、見積額は前回と同様に、省エネQ設置工事一式費用の一五パーセントが計上されていた。数カ月前の見積書と比較して、何も具体的になっていない。C社に一五パーセントの妥当性を口頭で説明するように求めた。C社は「マネジメント業務の費用は、マネジメント対象とする業務にかかる費用の一五パーセントを計上することが一般的です」と説明した。管理組合Aは、設置マネジメント業務の実態を明らかにして予算化することが望ましいとC社に伝えた。C社は提示している予算額は、あくまでも来期予算の編成のための概算であり、実行時の額は今後の審議内容に基づいて決めると説明した。C社は「予算化しておかなければ来期に省エネQを導入できなくなる。とりあえず予算化しておいて、具体的な内容と費用の審議は来期に行ってはどうか」と提案した。節電装置を試験的に導入すること自体の合意は形成されているので、管理組合Aは試験的導入に関わるマネジメント業務費用を、C社の提示する金額で予算計上しておくことにした。

管理組合総会において、省エネQの試験的導入とその費用が承認された。管理組合は新年度第一回の定例会議で、マネジメント業務についての審議を再開しようとした。C社は、翌月に省エネQの設置工事を実施したいので承認してほしいと管理組合Aに求めた。設置マネジメント業務の内容や費用についての説明はない。管理組合Aは、承認には設置マネジメント業務の具体的内容と費用を確認する必要があると応えた。C社は「省エネQの手配を内々に進めているが、この機会を逸すると装置の確保が難しくなるかもしれない」と、承認を促した。管理組合はこれ以上議論しても拉致が開かないと判断し、C社に「お任せ」することにした。

場面3　問題の発生と問題への対応

設置してから二年余が経過した頃、省エネQを設置した照明器具が次々に故障し始めた。省エネQを設置していない照明器具には、故障はまったく見られない。管理組合は、省エネQの設置に問題があるのではないかと考え、故障原因の説明をD社に求めた。D社は故障した照明器具の安定器に異常が認められるので、新しいものと取り替えなくてはならないと説明した。省エネQを設置した照明器具のみが故障しているので、管理組合Aは安定器を交換しても同様の故障が再発するのではないかと考え、D社にその旨を照会した。D社は省エネQの故障診断を行い、正常に作動していることを確認したと説明した。おりしも、照明器具の故障が生じ始めた頃、安定器はメーカーが定めた標準寿命にかかりつつあった。D社は「照明器具の故障は安定器の寿命によるもので、省エネQの設置と照明器具の故障との間には因果関係は認められない」と説明した。この説明に納得しない管理組合Aは、省エネQの設置と照明器具の故障との関係を統計的に検証することができるはずだと考え、管理会社Cに見解を求めた。管理会社Cは、節電装置の試験的導入に関わるマネジメント業務の期間は、設置工事が完了するまでであるので設置後のデータは取っていないと応えた。管理組合AにおけるC社の信用は失墜した。

それから数年、省エネQを設置した照明器具のみが故障している。省エネQを設置していない照明器具の安定器は、標準寿命を超えたが故障は皆無である。管理組合は省エネQの設置を中止し、故障した照明器具の安定器を新品に取り替え、その際に省エネQを取り外すことを決議した。原状復帰の費用は、省エネQの試験的導入の費用を上回った。

管理組合Aは、省エネQに関する顚末を消費者センターに報告しようかと話し合っていた。しばらくして、D社の技術営業部員Hが管理組合Aを訪れ、次のことを説明し、省エネQを無償で改良型に取り替えると進言した。「当時、すべての照明器具との相性を調べていたわけではなく、このマンションの照明器具との相性は確認できていなかった。省エネQの設置と当該照明器具の故障との間に因果関係がないと断定したのではなく、因果関係が認められないと説明したのです。その後、当該照明器具と省エネQとの相性が良くないことを確認しました。相性を未確認のまま省エネQを設置したことは好ましくないことでした。安定器との相性が向上するように省エネQを改良したので、既設の省エネQを改良型に無償で取り替えさせてほしい」と。管理組合Aは申し出を受け、改良型省エネQとの交換を待った。しかし、それは実行されなかった。技術営業部員Hは、D社の不利益になる情報を漏洩したかどで裏切り者扱いされて、D社に居ずらくなり退社したのである。Hの約束を引き継いだ者はいなかった。

問題の分析

場面1　時流に乗ろうとすることのリスク

社会的ニーズを的確に捉え、技術開発やビジネスに活かすことは有意義なことである。ビジネスチャンスを逃がさないように、未成熟な技術を商品化する局面もあるかもしれない。しかし、ここにはリスクもある。「エコロジー」や「省エネルギー」のように、社会的関心が強いものごとを売り物にすれば、消費者はその効果を期待する。技術が未成熟であることによって消費者の期待を裏切れば、信頼の回復に多大なコストを費やすことになるかもしれない。

この事例では、電機メーカーDは省エネQを売り物に、管理会社Cは省エネQを用いた省エネマネジメントを売り物にした。しかし、省エネQと管理組合Aの照明器具との相性の悪さが導入後に確認された。また、管理会社Cは省エネルギーマネジメントのノウハウをもっているわけではなかった。管理組合Aは「省エネルギー」をもくろみながら、結果として、省エネQの設置、安定器の交換、省エネQの撤去と、何もしないよりも多くの負荷を環境に与えることになった。

場面2　不十分な情報のもとでの時間切れによるなし崩し的な意思決定

未来の行動や出来事に関して、完全な予測をして計画を策定することは不可能であろう。それでも、業務を受託する場合、何を行って何を行わないのかを明確にしておくことは、委託者に安心感を与える。委託者が受託者を信頼している場合は、「すべてお任せ」という委託の形式もあろう。この事例では、管理組合Aは設置マネジメントの具体的な内容の説明を、数回、求めている。管理会社Cはそれに応えず、一度は事業計画と予算策定の期限が迫っていることを理由に、一度は省エネQの発注期限が迫っていることを理由に、設置マネジメントの内容を十分に説明せずに、管理組合Aに意思決定を促している。まずは、予算計上を促し、次に、予算計上されているからと実施を促したのである。

受注者が信頼されており、ものごとが順調に動いているときなら、このような進め方は「気が利く」と評価されるであろう。しかし、発注者が具体的な業務内容に基づいて意思決定をしようとしている場合、このような進め方は不信を招くことになる。業務内容についての発注者の認識と受注者の認識の齟齬が、業務の不具合を契機に明らかになったとき、受注者は信頼を失う場合がある。

場面３　不都合な情報の秘匿と内部告発

専門家があるものごとの実施を提案し、非専門家が提案の採用・不採用を決定する場合、専門家は非専門家にそのものごとの長短を適切に伝えることが望ましい。非専門家は適切な説明を受け、有利な点と不利な点の両方を理解した上で判断を行うことができる。理解できないことを理解しようとする契機になりうるし、理解できないことを自己の責任に含めて意思決定をする機会にもなりうる。長所だけを伝え、短所を伝えずに、提案の採用を促すことがありがちである。この傾向が極端になると、不都合な短所を意図的に隠しているように見えることもある。

たとえば、非専門家が指摘した問題に対して、専門家が「よくあることです」、「そういう仕様になっています」と説明して、それを問題として取り上げないことがある。非専門家は釈然としない気持ちをもつ。指摘した内容が実際に問題であったことが判明した場合には、それを問題視しなかった専門家に対して不信感を抱く。また、そのような専門家自身に問題はないはずであるとみなそうとする正常性バイアスがかかり、専門的判断と行動を鈍らせることにもなりかねない。設置マネジメントの費用に関する事例は、このような専門家の行動とその帰結を描いている。

不具合があるとき、その原因の候補と結果（不具合や事故）との関係が調査され、しばしば、次のように説明される。

「製品Xと不具合Yとの間に、因果関係が認められない。」

これを「因果関係がない」と解釈すれば、製品Xは不具合Yに関する責めを負うことはないだろう。しかし、「因果関係があるかどうか確認できていない」のレトリックとしてこのフレーズを用い、聞き手が「因果関係がない」と解釈することを期待するならば、この説明は不都合な情報を隠していることになる。

不都合な内部情報の秘匿は、その組織に属する者の内部告発によって明らかになる場合がある。内部告発の動機には、(1)正義の振る舞い、(2)内部抗争への利用、(3)出世競争への利用、(4)組織への怨恨などが見え隠れするといわれる。内部告発の阻害要因は、組織への帰属意識、共犯意識、利害関係、雇用関係によるリスク(左遷)、人間関係によるリスク(裏切り者扱い)がある。内部告発者の保護を担保しようとする法律はあるのだが、内部告発者が特定されて不利な扱いをうける事例は皆無ではない[1]。

問題の改善に向けて

時流に乗ることのリスクを認識して、万が一に備える

時流に依存するビジネスは、つねに順風満帆とは限らない。未成熟な技術で参入すれば、

そのことによるリスクも加わる。万が一不都合があった場合に、適切な対応をとれるように備えておくことで、このリスクは軽減可能である。

何をして何をしないと信用を失うことになるかを知る

発注者は、成果を期待して業務を発注する。満足する成果が得られない場合に、発注者の認識と受注者の認識の齟齬が発覚する。発注内容が漠然としているほど、発注者の期待は膨らみ、受注者が提供できるものごととの齟齬が大きくなりがちである。認識の相違が不幸な帰結をもたらさないためには、業務において何をして何をしないのか、何ができて何ができないのか、について発注者と受注者の間で共通認識をもっておくことが望ましい。

当該業務の遂行において、(1)その業務が適切（計画通り、仕様通り、約束通り）になされていることを確認すること、(2)適切でないとしたらその理由を把握して適正な状態に戻すこと、(3)適切な状態に是正することが困難であるとしたら善後策を考えること、(4)発注者や関係者に、(1〜3）について適時的に報告・連絡・相談をすることは基本的な行為である。特に(1)においては、(2)、(3)の根拠となる状況の把握を適切に行うことが肝要である。

また、発注者は受注者に任せきりにするのではなく、約束通りに業務がなされていることとを、適宜、チェックをすることが望ましい。

プロセスを透明にすることで信頼を得る

不具合とその原因と疑われるものごととの関係の調査は、そのものごとの当事者によってなされる。製品Xが疑わしい場合、Xの製作者または販売者によって関係の調査がなされる。

品質に関わる調査におけるトレーサビリティは、プロセスの主要部分を公開（透明化）して、第三者によるモニタリングを可能にすることによって、その信頼性を増す。品質や組織の信頼性に関わるプロセスを外部から見えるようにすることで、プロセスに不適切な行為が混入することを抑制できるという期待がある。また、プロセスを公開しているという意識が、プロセスの推進主体の行為を適正になす動機になりうる。

ただし、プロセスの透明化と企業機密、国家機密、個人情報、顧客情報等の保護とは、必ずしも両立するわけではなく、完全な公開には解決しなくてはならない課題がある。品質管理や意思決定が適切かつ公正になされているか否かは、プロセスの遂行主体の報告に基づくことになる。不都合な情報を隠蔽して報告する余地が残される。

では、どのような情報を開示すればよいのだろうか。品質や組織の信頼性についての判断の根拠を示すことが有効であると考えられる。サービスする側による専門的な判断には意義がある。そのような判断をサービスの受け手に一方的に示すのではなく、判断の根拠を明示することによって、その妥当性を受け手が自ら考える機会を提供する。受け手は、判断とその根拠とを理解することによって、品質や信頼性について納得してサービスを受けることができる。判断の根拠に納得できない場合には、そのサービスを受けないという選択をすることが可能になる。同じ根拠に基づく受け手の判断とサービスする側の判断とが異なる場合、後者は前者の判断のしかたと自分たちの判断のしかたの相違を分析することによって、今後のサービスの改善の方向づけに活かすことができる。品質管理や意志決定の根拠を明示することは、サービスの受け手にとってもサービスする側にとっても、有意義な情報を得る契機となりうるのである。

適切な情報を開示しないことは、サービスの受け手の利益を損ねるばかりでなく、長期的にはサービスする側の利益を損ねることになりかねないと考えることが好ましい。不都合な情報の隠蔽が後に顕在化した場合、サービスする側の信頼は失墜し、情報を開示することによる不利益よりも大きな不利益をもたらす可能性があることは、さまざまな事例が示している。品質管理や意志決定が適切になされているのであれば、情報を開示することによる損失はない（機密や個人情報の問題がないことが前提）。適切な情報を開示している組織に対する社会的評価が組織の利益になり、適切な情報を開示しない組織に対する社会的評価が組織の損失になるような仕組みによって、情報の開示が促進される社会システムを構築することが一つの可能性である。

内部告発者を保護する

内部告発が告発者の正義感による場合、告発者は組織への忠誠心や同僚との人間関係の板挟みになることであろう。日本の社会通念では、内部告発は組織に不利益を与える裏切り行為と見なされる傾向がある。プロセスを適正にして公開することの利得よりも、不適切なプロセスをそのままにして公開しないことの利得のほうが大きい場合（たとえば、俗にいう「正直者は馬鹿を見る」という場合）、プロセスは公開されず、非公開部分で不適切な行為がなされ、組織はそれを隠蔽する可能性がある。このことによる利益が、組織の構成員の共通の利益になり、プロセスを適切にして公開することの個々の構成員の利益を上回っている場合、不適切なプロセスは非公開のまま維持される。組織の利益を優先するよりも、社会の利益を優先したほうが自分の利益になると信じている場合、正義を貫こうという意思が、自分の不利益を考慮して躊躇する気持ちよりも強い場合、構成員の間で利益の偏り（不公平感）がある場合、内部告発が起こる可能性がある。内部告発が社会的な正義に基づく行動である場合、内部告発者の身分や収入の保護が、社会的に有意義な内部告発の障害を小さくすると考えられる。また、不都合な情報の隠蔽など、内部告発の原因をつくるような組織的行為を抑制することにもなるであろう。

［参考文献］

（1） 奥山俊宏、村山治、横山蔵利『ルポ内部告発なぜ組織は間違うのか』朝日新聞出版、二〇〇八

11　一見、非合理的なものづくりの合理性

建設現場では、犯してはならない約束事がある。また暗黙の了解事項がある。非合理的なあり方を踏襲することで円滑に工事が進行することがある。逆にこの約束事が守られないと工事は停滞し、得られるべき成果が得られない場合がある。合理主義一辺倒のあり方では補いきれない、建設業の近代化過程で見落としているかもしれない不文律のようなものがある。

家業としての建築業

一生懸命やったらそれを評価して、その労働にふさわしい対価がもらえるという単純な常識と、その仕事を正当に評価する発注者の存在が、いい建物を造り維持していく。出入

り職人と施主の関係には、主観的個別性重視の論理がある。お互いの仕事の進め方の相性がいいとか、生き方が好きだとかの評価が仕事についてまわる。このようなあり方を、ものづくりの原点に立ち返って見直すことが必要ではないだろうか。

建設業の近代化の過程で合理的、客観的指標が構築され、その最も有効な指標が金銭となり、普遍性重視の論理のもとに展開している。契約書に書かれない、阿吽《あうん》の呼吸とでもいうべきゆとりのある対応、逃げ場のある約束は、ものづくり職人にとって本領が発揮できる環境だが、ゆとりと逃げ場に甘えてばかりで、発揮すべき本領をもたない職人が増えている。また、目標以上の成果を上げたことを理解し、評価する発注者が少なくなってきている。つまり、作り手を上手に使うこと、そして上手に使われる作り手という人間関係のゆとりがもてなくなっている。

しかし、ここで見失った非合理的だが有効な精神的心情的価値観に救われる現場がまだある。文章で書き記されることのない、暗黙の了解事項であるべき事柄について評価することで、いい職人仕事を展開する可能性が広がるのではないだろうか。

佐野田さん（仮名）の祖父は大工である。夜明けから日暮れまで黙々と働く祖父の姿が、子どもの頃の記憶として鮮明に残っている。仕事を請ければ、ひたすらその仕事に打ち込んだ。掛け持ち仕事はしなかった。そうでなければいい仕事はできない、と言うのが口癖だった。心身ともに打ち込んだ仕事が認められて、施主の家の維持管理すべてを任されていた。何かにつけ施主の家の行事などの手伝いに駆り出されていた。

昔かたぎの商家では、施主の屋号と祖父のように維持管理を請け負っている工務店の名前を記した印半纏《しるしばんてん》があった。その半纏は、出入りを許された職人の誇りであった。祖父はそんな印半纏を数枚持っていた。季節の変わり目、六月の衣替えの時分には、出入りのお屋敷に伺い、襖を簾戸《しとみ》に変える仕事があった。十月には冬支度の仕事があった。大雨や台風の時には、いただいた印半纏を着て施主さんのところを見回った。そうした折には、必ず心付けを施主さんからもらって帰ってきていた。その「寸志」と書いた封筒が、祖父の仕事部屋の壁いっぱいに張ってあった。お客さんの喜ぶ顔が生き甲斐、というのが祖父の口癖だった。贅沢はできなかったが、不自由のない生活ぶりだった。

佐野田さんの父親は、大学で建築を学び、祖父の起業した工務店の後を継いで工務店経営者となった。これで末永く孫子の代まで家の維持管理をしてもらえると、祖父の施主さんたちは喜んだという。祖父は工務店を父親に任せ、得意の木彫りの仕事に熱中した。父親が施工した木造住宅の木鼻や欄間に、サービスで絵文様を彫り込んだ。近在の寺から仏像の注文もあった。その祖父の存在は、父親の工務店の看板だった。

注文も多く、三組の大工組を抱えるようになった。工事現場が遠方へと拡大し、運搬車両も購入した。作業小屋には工作機械が取り付けられた。父親は現場を仕切ることより、建築士やお客さんとの打合せ、関連業者とのつき合いに忙しくなった。急成長した地元不動産業者の依頼で、建売り住宅も手掛けるようになった。社員構成や工事監理の方法を合理化し、経営の近代化に努めた。

祖父の死後、後を追うように大工の長老が退職した。現場は若手大工が仕切るようになった。長年つきあってきた施主が、少しずつ減っていった。建売り住宅も、より安価に請け負う工務店のほうへ工事発注がいくようになった。設備投資に見合う受注ができなくなり、やがて経営が破綻して倒産した。

佐野田さんは、祖父の代からの工務店を継ぐつもりで工業高校に入った。父の手元で大工修行をしながら高校を卒業した。父の仕事をすぐに継ぐには早すぎるということで、大学に入った。いつのまにか研究することが面白くなり、大学院に進学して建築史を専攻した。祖父の木彫りのことが頭を離れず「大工仕事と木彫り」を研究課題とした。全国の社寺をめぐり系統的に職人技芸を整理していくうちに、伝承する技芸を再発見し、改めて祖父の木彫りの偉大さに気付いた。さらに研究生活を続けることを望んだが、研究職としての職場を射止めることができなかった。

大学を卒業して、ものづくりの現場の仕事につくことを決心し、伝統木造工法も手掛けている準大手の施工会社工事部に入社した。社寺や和風旅館などの現場を数多く経験した。このような仕事を手掛けていくうちに、祖父の代から受け継いだ知識と研究的に取り組む姿勢で評価が高まり、和風建築の特殊技術者としての仕事量が増加した。ますますいい仕事を残したいと働いた。五十代になって勤めていた会社が倒産した。請け負った大規模な和風旅館の新築工事が工事半ばで中止となり、あおりを受けて施工会社も破綻した。

やむを得ず佐野田さんは、不本意ながら中途採用で大手施工会社の工事監理の部署に平社員として再就職した。収入は大幅に減った。

工事監理を担当している現場で、設計事務所が指定した製品が不具合をおこした。その製品が不良品であることは、大方の現場経験者が知っていた。しかし、設計事務所は設計変更を渋り、施工段階での改善を求めた。佐野田さんは設計事務所の顔を立て、サービス仕事として図面の変更から施工計画、現場管理までを一人でこなして修正した。不具合の処理が現場に押し付けられ、現場が暗黙のうちに不具合を処理することは習慣だった。また、そのようにしてものづくりを進めることが、佐野田さんが祖父や父から学んだことだった。

再就職先の会社でも、これまでの佐野田さんの経験が関係者の信頼を生み、問題解決を早くした。ますます佐野田さんは忙しくなり、全国を問題処理のために駆け回るため体を壊してしまった。しかし、ここで佐野田さんに支払われた対価はなにもない。

佐野田さんはこのような仕事の連続だが、このような仕事をできる人は多くいないことを知っている。よりよい建物ができることを生き甲斐にして、仕事内容に見合う待遇ではないがひとり満足している。

佐野田さんのような人材がいないかと、各建設会社は今も求人をかけている。

出入り職人の不文律

出入り職人を抱えるということは、御大家でなければできないことだった。商家、豪農が育てた文化ともいえる。それを多くの人は、時代劇の中の話としてしか理解できないのが現状であろう。

働いただけ賃金を支払う。ということは普遍的な原則として理解されるが、それが支払い金という数値に置き換えられると、さまざまに解釈が出てくる。働いた実働時間なのか、資格や能力に対する支払いなのか。ただ施主の使い走りをしただけの仕事でも、水準以上の技能をもった職人と修行中の職人では謝礼の金額が違うのはなぜか。いろいろ「気働き」をしてもらったからと、実費に上乗せした賃金を支払うのはなぜか。

そこには、専属的に維持管理を請け負うことで損はさせないという施主のゆとりある対応がある。このような気の持ちようは、なにも建設業に限ったことではない。不文律となっている慣習が、出入り職人を養っていた。

職人気質の不文律

祖父の代からの仕事を知って発注してくる顧客が何を求めているかを、二代目の父親は理解していなかった。祖父の仕事ぶりを求めて依頼があることが現実だった。工務店経営を忘れて木彫りに没頭する棟梁の姿に顧客は安心をし、またその仕事に寄ってできた住まいを誇りにしていた。祖父の職人としての仕事を理解する人は、それにふさわしい対価を支払った。それで営む生活に祖父は満足していた。ところが、注文が増えたからそれに間に合わせる事業拡大をしてしまった。拡大した事業所にふさわしい社会的活動に背を向けることもできなくなった。身の丈に合わない会社となってしまった。

工務店経営は、自前でこなせる仕事の力量を超えてしまうと、設備投資や下請への依存体質になっていき、企業経営のように管理業務がものづくりの仕事量を超えて膨らみ、利潤追求型の経営になってしまう。このような企業経営と職人気質は、相容れないものとなる。職人技能の仕事を売る工務店から、画一的な建売り住宅のような製造販売業者となってしまったところから、一品生産を求める顧客離れがはじまった。継承すべきものを失ってしまったことが、過当競争のなかで生き残る売り物をなくすこととなった。

棟梁としての仕事を近代化した工務店経営に変えた結果、職人気質という不文律を失い、しいては伝承すべき仕事も失った。

建築現場を熟知した工事管理者の不文律

ゼネコンの現場担当者として、設計者の意を汲み、サブコンをコントロールしていくためには、知識はもとより十分な経験が必要である。

本来あるべき姿が、何らかの要因で誤った方向に進もうとしている時、それを是正するために硬直した正論を主張しても、その理論が現場で受け入れられなければ協力は得られない。結果的に間違った製品選択をした設計事務所に改善能力がなければ、その非を追求することより、現場遂行のために、その間違いを正すことのできる現場担当者が始末をつけ、工期を守ることが優先順位となる。職制上の権力で強引に始末をつけても、現場が混乱したのでは、また別件の瑕疵を誘発しかねない。

　そこで、経験豊かで工事現場を熟知した従順な技術者（本事例の佐野田さん）が、丸く納める役回りを引き受けざるを得なくなる。そして、工事は何事もなかったように進んでいく。組織と個人の間にある不文律である。

問題改善に向けて
職人仕事の発見

　暗黙の了解事項であったことが、時代とともに変化し、了解されなくなってきていることが問題である。職人仕事を評価することで、契約にはない持ちつ持たれつの関係が生まれる。その心意気は、建築を家業とする者たちによって継承されている。職人気質、つくる者の心を大事にする風潮を守り伝えていかなければならない。

　そのためには、身近に職人や職人の仕事に接する機会をもつことが重要で、生活のあり方そのものが問われることになる。豊かな生活のなかに職人仕事を見出し、その職人を育てることのできる社会であることが前提となる。

目に見えないものへの支払い

市場原理にまかせていれば、非効率、不透明な職人仕事は淘汰されてしまう。伝統木造工法のマーケティングが十分なされた上で、不文律で成立している仕事の価値を評価し、対価をユーザーに理解してもらう対応がなされなければ、職人気質でいい仕事をする現場は成り立たない。合理化された雇用関係や賃金体系からは、職人のようなサービス仕事は生まれにくいものがある。

これからの時代においても、職人仲間の厳しい仕事の評価とその裏付けをもったネットワーク、そして仕事の質へのこだわりが再評価されることは決して困難なことではないように思われる。専門技術の習得過程がその人をつくる。組織の人材育成が組織を継続させる。無知によるトラブルを組織的に補うシステムも必要である。ただし、そこで被害を被る者たちへの配慮や熟練高齢技術者の処遇を考えなければ、組織は崩壊していく。

地域工務店の役割

建築職人を理解してもらい、建築職人が生き延びていく方策として、地域工務店が地域住宅産業の担い手のみならず、地域社会の担い手として活動することがある。自分の技能に誇りをもち、独自の生活スタイルをもち、自由人でもある地場工務店の職人たちが、地域住民の一人として地域活動に関わることのできる場をつくることで、住民も職人も利益を得る。

地域の祭礼行事での職人の活躍は、各所で見ることができる。これに加えて、有料ボランティアとして子供会や老人会の行事を支援すること、地域の防犯防災組織の構成員となることなど、地域社会での活躍場所は多い。そこで職人の全人的評価が高まり、職人仕事の価値を理解する土壌が生まれる。

12　建築プロジェクトにおける品質とコストの相関関係

日本の建設工事では、たとえ安い金額で設計や工事を請け負っても、設計者や施工者がいい品質の建物を約束どおりの工期で造ろうと誠心誠意努力する。その結果、実際の請負金額や設計料よりも、はるかにいい建物ができる。それが設計者や施工者の誇りだといわれてきた。それは本当なのだろうか。はたしてその陰で苦しんでいる人たちはいないのだろうか。

中国野菜の聞いた話

二年ほど前に、中国製餃子事件と野菜事件が新聞紙上を賑わかせた。使用禁止の農薬等が使われ、それらを食した人を食中毒やひどい場合には死に至らしめた事件であった。餃子事件の顚末はまだ明らかになっていないが、野菜事件に関しては、中国の人からこんな話を聞いた。

日本で使用禁止になっている農薬でも、中国では普通に使用されているものもある。農薬を使用するのは、野菜の生育を害虫・病気から守るためで、結果としては野菜の生産効率を高めるためである。中国の法律で禁止になっていない農薬を使うことに当然、問題はない。だから、中国の農家の人は、町に野菜を売りに出て、「私たちはそんな農薬を使った野菜は食べない。しかし、生産量を増やし、野菜の値段を安くするためには、その農薬を使わざるを得ない。町の人であるあなたは、この野菜を買うのか、買わないのか。買わなくて野菜を手に入れることができるか。私たちが食べている野菜は高いよ。」というのである。町の人は、その安い野菜を買わざるを得ないのである。もちろん、場合によっては体調を壊す人がでるかもしれない。亡くなる人がでるかもしれない。それほど相関が強いわけではないが、野菜の安全（品質）と価格が相関しているといわざるを得ない。

日本の建築物の本当のところ

では、日本の建築物の品質とコストはどうであろうか。

一九八〇年代までの日本では、発注者、設計者、施工者（元請、下請、職人にいたるまで）の間に比較的安定した相互信頼の関係が成立しており、設計料や工事費に関しても、一定程度の余裕のある額が支払われていた。その下で、設計者は発注者のためによりいい仕事を、施工者は間違いのない、安心のできる建物をつくることに生きがいを感じ、結果として品質の高い建物が作られてきた。この関係は九〇年代に入っても続いていたが、バブルがはじけたあと、徐々に、競争という名の下に激しいダンピングが繰り返されるようになった。それでも生産者側、とりわけ施工者は、ダンピングはするが高品質の工事を、発注者のために確保する努力を繰り返してきた。しかし、悲しいかな、そのダンピングの原資は、ダンピングをやった元請の下で工事をする専門工事業者に安値受注を強い、さらに職人の賃金低下に直結している可能性が高いのである。しかも、それが事実として受け止められておらず、また公共工事においては、予定価格の六〇パーセント程度で落札した工事に関して低入札価格調査を実施しても、「特段、施工ができない状況にない」として、当該ゼネコンに工事が発注されてしまうケースが大半であった。

しかし、状況はそれほど美しい関係が維持されているわけではなく、先の中国野菜のごとく、コストと品質は相関が見えるようになってきた。図1は、国土交通省が作成した

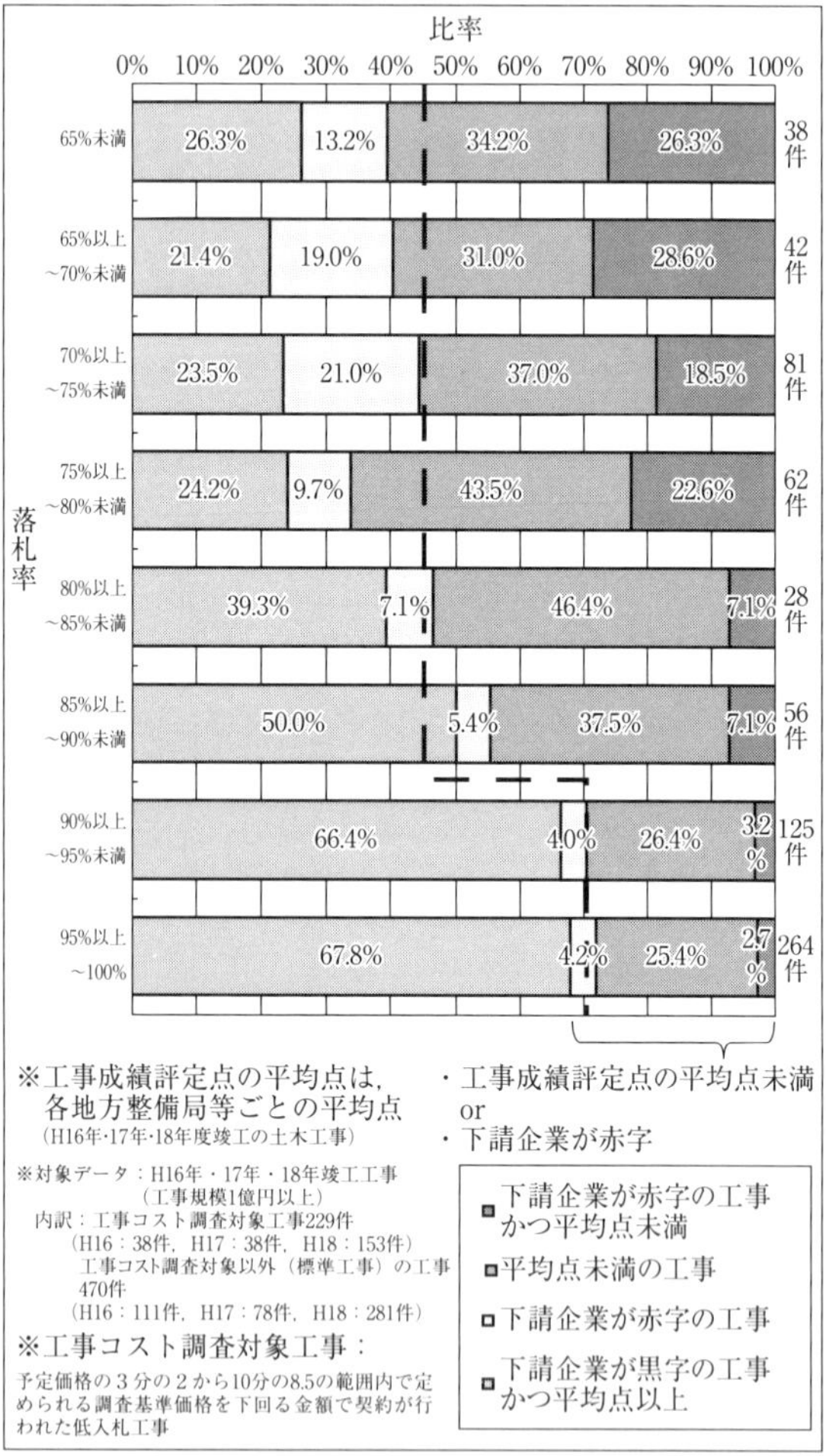

比率
0% 10% 20% 30% 40% 50% 60% 70% 80% 90% 100%
落札率
65%未満 26.3% 13.2% 34.2% 26.3% 38件
65%以上~70%未満 21.4% 19.0% 31.0% 28.6% 42件
70%以上~75%未満 23.5% 21.0% 37.0% 18.5% 81件
75%以上~80%未満 24.2% 9.7% 43.5% 22.6% 62件
80%以上~85%未満 39.3% 7.1% 46.4% 7.1% 28件
85%以上~90%未満 50.0% 5.4% 37.5% 7.1% 56件
90%以上~95%未満 66.4% 4.0% 26.4% 3.2% 125件
95%以上~100% 67.8% 4.2% 25.4% 2.7% 264件
※工事成績評定点の平均点は，各地方整備局等ごとの平均点
（H16年･17年･18年度竣工の土木工事）
・工事成績評定点の平均点未満
or
・下請企業が赤字
※対象データ：H16年・17年・18年竣工工事
（工事規模1億円以上）
内訳：工事コスト調査対象工事229件
（H16：38件，H17：38件，H18：153件）
工事コスト調査対象以外（標準工事）の工事470件
（H16：111件，H17：78件，H18：281件）
※工事コスト調査対象工事：
予定価格の３分の２から10分の8.5の範囲内で定められる調査基準価格を下回る金額で契約が行われた低入札工事
下請企業が赤字の工事かつ平均点未満
平均点未満の工事
下請企業が赤字の工事
下請企業が黒字の工事かつ平均点以上

図１　調査基準価格の見直し（落札率と工事成績の関係）（資料：国土交通省）

「落札率と工事成績との関係」を示したもので、落札率九〇パーセント未満になると、工事成績評定点が平均点未満の工事となる割合が急増することを示している。ここに落札率とは、落札価格を発注者が設定した予定価格で割った値の百分率表示である。また、工事成績とは「工事の施工状況や工事目的物の品質等について請負工事の成績を評価したもの」である。このようにして見えてきたコストと品質の相関とは、不都合な相関であり、必要以上の低コスト競争に伴う品質の不安定さという形で顕在化するようになってきたのである。

なぜ、コストと品質に不都合な相関がでてきたか

建設現場では、重層下請構造が依然として維持されている。しかし、この重層下請構造は変質してきている。以前は重層下請構造のなかで需給変動が調整され、技能者（職人）の募集・教育が行われてきた。〝職人を育てる〟こともやってきた。反面、ピンはね、片務的契約などの弊害も指摘されてきた。

しかし、現在の重層下請構造は、形としては同様でありながら、その本質は様変わりしている。すなわち、一次下請となる専門工事業者が直接雇用していた職人・職長を、元請

からの発注単価が過度に引き下げられたことにより社会保険、雇用保険の事業主負担に耐えられなくなり、二次下請として外部に出すようになり、この連鎖が二次、三次の下請にも及び、結局、社会保険、雇用保険の負担がかからない域に達する（一人親方）まで連なっている。

極端に言えば、いまや業種によっては、一次下請の専門工事業者に直接雇用の職人はいない。労働三保険を掛けている職人もきわめて少数である。このような費用負担の軽減を主目的とする連鎖の中では、職人教育を期待することなど到底できない。さらに、低賃金にあえぐ職人に自己研鑽など望むべくもない。かといって、公設の機関での職人の育成もごくわずかである。結局、現状の日本では、過去に育った職人の遺産を食い潰しているに過ぎず、新たな職人は育てていない。

建設工事において品質を確保するためには、設計、施工両プロセスでの検査・確認・チェックを二重、三重にしても十分である保証はなく、結局は施工者、とりわけ実際に工事を実施する職人の技量・良識に依存せざるを得ない部分が必ず存在する。工事・作業をやったかどうかは、当該担当の職人が最もよく認識している。こうした意味で、職人は品質確保の最後の砦なのである。その砦が崩壊しつつあるのである。

さらに、競争の激化はものづくりの原点を破壊しようとしている。その原点とは、よく話し合うこと、考えること、手足を動かすことである。発注者、設計者、ゼネコン、サブコン、職人など立場を問わない。この原点が忘れ去られようとしている。しかも、過当競争によって、あるいは安値受注を強いることによって、本来、協調・話し合いのできる関係であった元請下請関係が、ややもすると敵対関係に移行しつつある。このような状況の下では、双方で信頼関係が醸成されることなど期待できない。そして、信頼関係に基づく善意のアプローチによって維持されてきた品質確保のしくみと、その結果としての建物の品質は、きわめて不安定なものとなっていくことであろう。

不都合な相関を解消するために

ダンピングにせよ、談合にせよ、発注者が入札者の提案内容を詳細に査定することができれば、それらはまず起こらない。相手方選定の原則は、相対交渉である。民間工事の一部では、すでにその原則に立ち返り、コンストラクションマネジメント（CM）方式を採用して入札なり見積合せなりで応募してきたゼネコンと、コンストラクションマネジャー（CMr）が個々に相対して、提案・計画内容と見積価格を精査してゼネコンを選定している。

このようなやり方であれば、工事ごとに各ゼネコンとＣＭｒが真剣勝負となり、実態のない提案、根拠のない数字は排除され、ゼネコン間での談合やダンピング競争はやる意味もなければ、利益もなくなる。この場合のＣＭｒには、独立系・設計事務所系のＣＭｒだけでなく、入札に参加しないゼネコンもＣＭｒの立場で参加することも一案である。ちなみに、これらの業務にかかるＣＭｒの作業量は、施工者選定の透明性、双方の真摯な取り組みによって得られる利益（必ずしもお金だけではない）に比べれば、さほどの負担ではなく、施工者選定の一つの方法として採用されてしかるべきである。

また、労働三保険への加入は、職人の権利であり義務である。ここに労働三保険とは、厚生年金保険、雇用保険、健康保険のことであり、さらに、これらに加えて通常は、労働者災害補償保険（労災保険）が掛けられる。そして、公共工事では発注者の支払う工事費の中に、法定福利費として計上されている。したがって、もし職人が労働三保険に加入していないとすれば、発注者が工事費のうち法定福利費分を過払いしていることになる。そうすると、法定福利費として支払われた費用が、どのように元請、下請、二次下請に配分されているかを明確にすることは、職人の処遇改善の第一歩といえるであろう。

さらに、これらのことが当然のこととして実行されるようになれば、ゼネコンが入札や見積合せにおいて、他社と競争するところが徐々に明確となり、ダンピングの原資が職人の賃金の削減といった不合理なやり方が改善されるであろう。

13 事故から設計へのフィードバック

超高層ビルのエントランスに設置された大型回転ドアに、男児が挟まれる事故が起こった。この事故に関連した情報を分析して、建築を作る人・使う人の役割と、そこに生じる落し穴について考えてみる。日常事故防止のための技術情報の開示と明示的な安全設計、固有安全性をもつ製品の開発と普及などの方策が必要ではないかと思う。

大型回転ドア事故の背景

回転ドアが大型化する理由

回転ドアの発祥は一〇〇年以上前にさかのぼり、当初は防音や防寒を目的としてホテルの玄関などに用いられ、手押しで回転していた。ドアの近くには、ベルボーイが控えてい

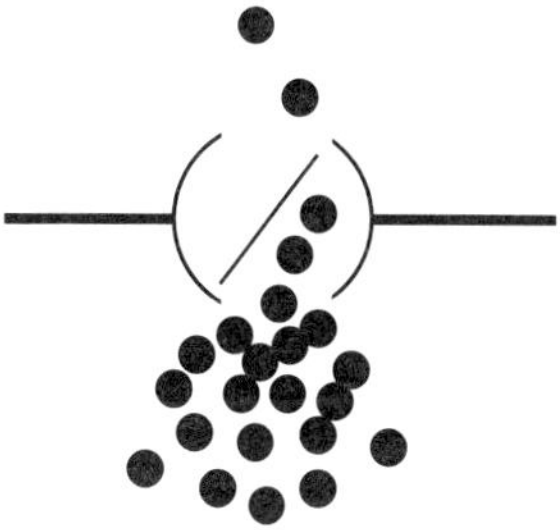

図1　出入口における混雑

て、お客さんの出入りを手助けしていた。今日、街で見かける回転ドアは機械仕掛けとなり、ドアというよりは搬送装置に近い。建物が高層化かつ大型化して収容人数が増えると、出入口での混雑（図1）を防止するため、大型化して高速回転することになり、ベルボーイにかわって赤外線センサーで起動・停止を行っている。緊急時の停止もセンサーに依存する部分が大きい。

超高層ビルでは、煙突効果による隙間風が起こりやすい（図2）。冬期はエントランスから冷気が建物内に流入すると室温が下がるので、暖房エネルギーが余計に必要になる。エネルギー節約のためには、隙間風そのものを減らすことが有効である。そのため、現代の超高層ビルには、人は通りやすいが空気は通りにくいドアが必要不可欠なものになっている。回転ドアが大型化・高速化するのには合理的理由がある。

挟まれ事故の概要

二〇〇四年三月に起こった男児挟まれ事故の概要を振り返ってみる。事故が発生したの

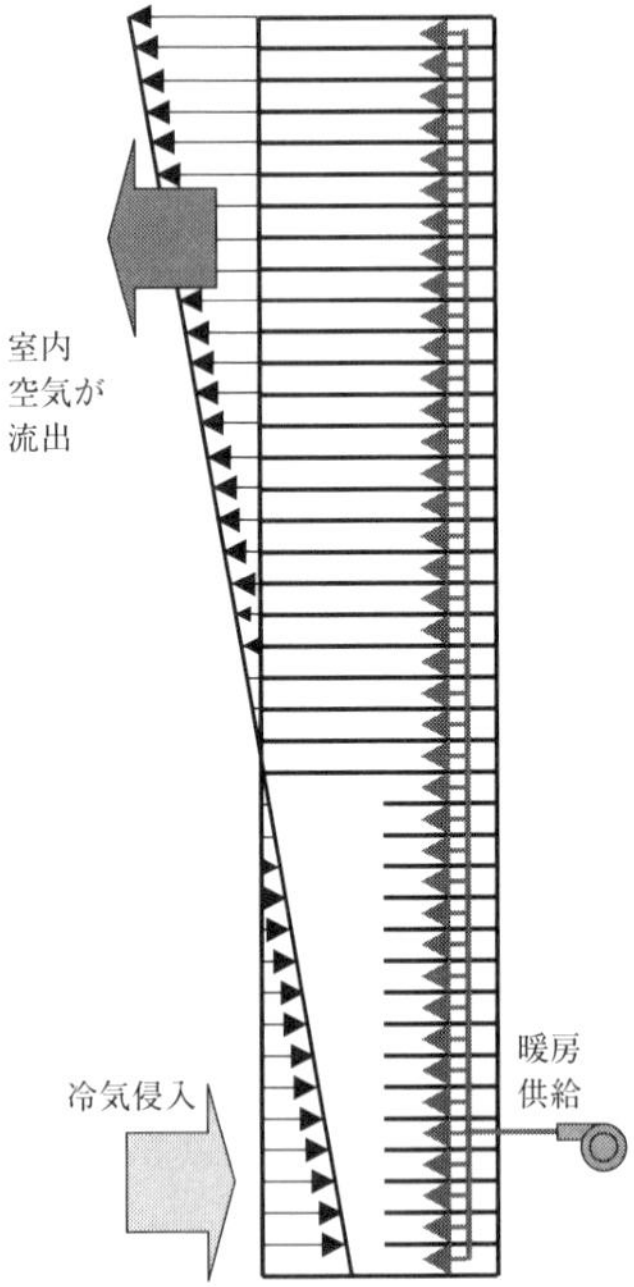

図2　煙突効果による隙間風

は、超高層複合用途ビルの正面玄関であり、多人数が通過する部分である。そのため、大型の回転ドアが使われており、回転速度はメーカーの推奨値を超えて最大速度で設定されていた。

回転ドアの安全対策には公的な基準はなく、メーカーごとに自主的に技術基準を作成していた。メーカーの技術資料によると、回転翼に衝突すること、枠と扉の間に挟まれるこ

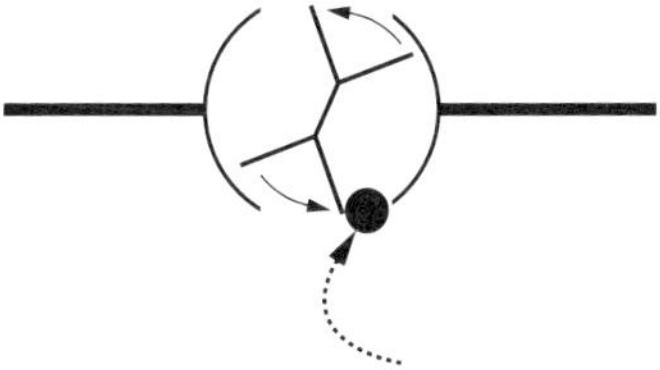

図3　回転ドア事故の状況

と、回転翼に巻き込まれることに対しては、赤外線等のセンサーで感知して緊急停止する方式が採用されていた。いわゆる電気仕掛けの安全装置である。

このような安全装置では、異変感知の精度を上げると、センサーが過敏に反応して、停止しなくてもよい時にも停止する。たとえば、鳥が近づいただけで停止するようなことが頻繁に起こると、その度に点検・復旧作業が生じて不便極まりない。それ故に、センサーのスイッチを切ってしまったり、センサーの感度を落としたりするのが人情である。事故が起こった回転ドアでは、挟まれ防止用の赤外線センサーの感知範囲を狭く設定しており、男児は赤外線センサーの死角部分に挟まれてしまった[1]。

また、回転速度を推奨値以上にしていたため、センサーで感知してから停止するまでに二五センチも惰性で動いてしまう状態であった。事故後に公表された情報によると、死亡事故が起こる以前にも軽微な事故が起こっていたが、管理者は危険性を正しく認識していなかった。

回転ドア固有の危険性

　回転ドアがぐるぐる回っているのを眺めていると、無意識に入りたくなる心理効果が働く。特に、回転翼が枠に近づいて閉まりかけると、なんとなく駆け込みたくなる。たかが数秒とはいえ、駆け込みに成功するとなんだか得した気分になる。閉まりかけの列車のドアに駆け込んで乗ると得した気分になるのと同じである。電気仕掛けのドアには、挟まれ事故の危険性が固有的にあると考えたほうがよい。

　挟まれ事故は珍しいことではなく、類似の事故は他にも起こっている。ケルン空港の事故[2]では、回転ドアに挟まれた子どもを助けようとして、通りがかりの人が「緊急ボタン」を押した。しかし、ドアは火災が起こったと勘違いして、全開する方向に回転を続けた。そのため、挟まれた幼児が引きずられてしまった。

報道記事に見る関係主体の対応行動

　事故発生後の関係主体がとった対応を、報道記事等をもとに簡単にまとめてみる。まずは原因究明のため警察関係の調査が先行し、直接の責任主体探しが行われた。その結果、

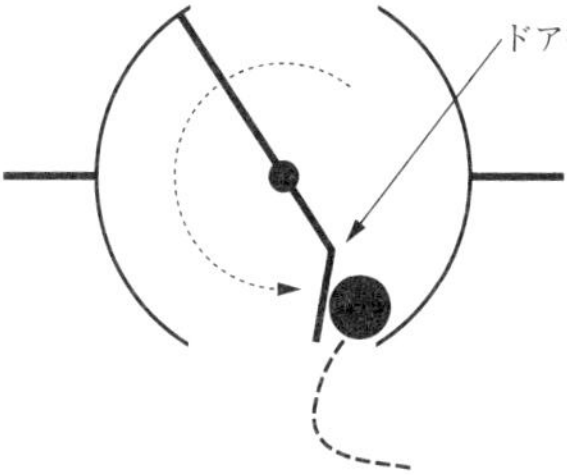

図4　ドア折れ機構による安全確保

センサーを改変して感知範囲を狭くしていたこと、回転数を装置の限界まで上昇させていたこと、すでに軽微な事故が起こっていたことなど、事故の直接的原因が明らかにされた。

行政は、建物および製造物の安全を監督する責任を問われ、再発防止策を異例の早さで打ち出した。国土交通省と経済産業省が合同で開催した検討会では、類似の事故事例を分析し、乳幼児と高齢者の事故が過去にも発生していたこと、そのうち高齢者の事故では重傷化しやすいことを洗い出した。これをもとに、再発防止のためのガイドラインを事故から三カ月後に発表し[3]、これを受けて都条例が翌年一月から改正されて安全基準が定められた[4]。ガイドラインそのものは、一般的な注意事項を列記したものであるが、関係者だけが知っていた事故情報を集約して、実態を開示した効果は大きい。

事故後、回転ドアメーカーへの注文は激減している。あるメーカーでは、挟まれても大怪我に至らないためのドア折れ機構の開発を進めている。[5] センサーを使った予防型の対策に加えて、仮に挟まれても大事には至らないという考え方は評価できる。

事故発生の要因にみられる問題点

架空事例／超高層ビルの設計

事故の直接的な原因として、建物オーナーとドアメーカーの責任が問われることが多いが、建築設計・施工における問題はないのだろうか。以下では、架空事例で考えてみる。

超高層ビルの建設プロジェクトがあり、発注者と建築設計者が打合せを行った。発注者からは、「このビルは、多くの人が集まる施設にしたい。省エネもアピールし、地球環境にも貢献したい。」という条件が出された。設計者は、エントランスに巨大なアトリウムを設けて、人が集まる広場を作ることを提案した。省エネについては、持ち帰って設計チームで検討することとした。

発注者の要求事項に関して、設計チームで打合せが行われた。省エネについて、設備担当からは隙間風対策が重要なので、エントランスドアを気密性が高いものにすることが提案された。設備担当の意見を聞いた設計者は、エントランスドアの検討を始めた。二重ドアや回転ドアがあるが、イベント時や非常時の避難を考えると、通過可能人数が多い二重ドアのほうが便利だ。しかし、省エネを考えると回転ドアが良い。最終的には大人数が通過できる回転ドアを使えばよいとの結論に達し、ドアメーカーに製品を照会した。

ドアメーカー技術者がドアの選定作業を行ったところ、必要人数を通過させるためには、回転数を既存製品よりも上げなければならないことに気付いた。回転数には限界があるので、ドアの台数を増やすことを提案したが、受け入れられなかった。そのため、自社製品のうち最大のドアを提案した。建築設計者は、通過可能人数が不足気味であるが、気密性とのバランスを考えると、提案されたドアが最も良いと判断した。

建設したビルは、プロジェクトとしても大成功し、連日にわたり多数の訪問者が絶えることはなかった。皮肉にもエントランスドアの前で混雑が起こり苦情が発生したので、オーナーは、ドアの回転数を上げるようにメーカーに依頼した。

事例に見られる問題点

上記の架空事例においては、設計上の配慮が足らなかったと思われる場面がいくつかある。まず、ドアメーカーからの提案を受けた時に、建築設計者はドアの台数を増やすことを考えることはできなかった。最終的な設計ができあがった時に、ドアの通過可能人数に余裕がないことを発注者にきちんと伝える仕組みがあっただろうか。ドアメーカーの技術者は、回転数を上げると安全限界を超えることを知っていたとすれば、オーナーの要求には慎重になるべきであった。

改善の方向性・アイデア

事故の責任は、建物管理者の管理責任とドアメーカーの製造物責任に帰結し、明白な過失がなければ建築設計者が連座することは少ない。しかしながら、建築設計の現場において、回転ドアの安全限界が正しく認識されていれば、状況が改善できるのではないかと考えられる。ドアに限らず建築物の設計においては、日常事故防止のための設計を明示的に行うことが抜本的解決策であり、メーカーと建築設計者が共同して設計ガイドラインを整備してゆく必要がある。また、事故後の一部メーカーに見られるように、安全性を向上させた製品を普及させていく努力が求められる。

［参考文献］
（1） 失敗知識データベース、科学技術振興機構ホームページ　http://shippai.jst.go.jp/

（2）早川眞「海外の回転扉の使われ方と事故」建築設備&昇降機、No. 52, pp. 34–38、二〇〇四年十一月
（3）経済産業省・国土交通省「自動回転ドアの事故防止対策に関するガイドライン」二〇〇四年六月二九日
（4）東京都建築安全条例の一部改正、二〇〇五年一月一日
（5）（社）日本建築材料協会技術委員会「回転ドアのガイドラインを受けての対応」第十一回建材情報交流会

14　決め付け型の意思決定からの脱出

発想が偏っていると意思決定が独善的になり、場合によっては大きな失敗を招く。また、他者と自分との認識や価値判断の違いを確認して、自分の発想の偏りを修正しようという発想があれば、自分にとっては好ましいことが、他者にとっては好ましくないことであるということに気付いて、失敗を回避できる可能性がある。自分の観点で好ましく思えることが、相手にとっても好ましいことであると決め付けて意思決定をすると、両者の齟齬に、事後に相手が気付いた場合、自分の意思決定のしかたに対する信用を失うことにもなりかねない。

事例：消防設備点検における発想の偏りと決め付け型の意思決定

事務所建築の管理とファシリティマネジメント（以下「ＦＭ」）を主要業務とする管理

会社Cは、超高層マンションの管理業務を受託することになった。マンション管理組合Aは管理業務に関し、意思決定の透明性、業務内容の合理性、管理の質と対価のバランス（費用対効果）を確保することを基本方針としている。また、高度な安全性や快適性などの居住性能の維持向上と資産価値の維持向上を管理の柱としている。

これまで管理業務を受託していたマンション管理会社は、管理組合の基本方針や管理の柱に適うサービスを提供する自信がないことを理由に契約継続を辞退した。超高層マンションの設備には、一般的なマンションには設置されていない種類や特徴をもつものが少なくないこともあり、管理組合Aは超高層建築の管理実績やFMをセールスポイントにする会社に管理業務を委託しようと考えたのである。

管理組合Aが管理業務の費用対効果に関心をもっていることを受け、管理会社CはFMの手法を活用し、管理業務における無駄を削減することにした。C社が手始めに注目したのは、消防設備の維持管理である。専有住戸内の消防設備点検の実施率が、マンション管理会社の評価尺度の一つとしてしばしば使われるのを知っていたからである。（一）現在の実施率に管理組合Aが満足していないこと、（二）強風時や地震時に防火扉の誤作動が起こりやすいこと、（三）煙感知器やスプリンクラー作動検知器の誤作動が多いこと、などを管理組合Aとの打合せによって知り、これらを改善することによってFMの意義を示せるとC社は考えた。

管理会社Cは、これまでに実施された専有住戸内の消防設備点検に関していくつかのことに気付いた。一日当たりの点検実施数が必ずしも多くなく、点検実施者がフル稼働していないこと、そのために全戸を点検するために必要な実施期間が長くなり、また、指定日に点検できない住戸のための予備日を設けているために、点検の総人件費が高くなっていること、熱感知器の遠隔試験を実施していないことなどである。

C社は、点検費用を削減すれば費用対効果が大きくなると考え、これまで二週間であった点検実施期間を一週間に短縮することにした。そのために次の方策を考案した。点検日時を詳細に決め、各住戸に「法定点検を実施するので指定した日時に在宅してください」と通知した。一日の予備日を設けたが、予備日があることをあらかじめ案内することをやめ、居住者が「指定日時に在宅していなくてはならない」と考えることを期待した。また、指定日時にも予備日にも、不在のために点検できない住戸の熱感知器の点検を遠隔試験によって実施することにした。これによって、点検日時の調整に費やす自分たちの手間も省けると考えた。

管理会社Cは、点検実施期間や点検要領を変更することについて、管理組合Aと事前の協議を行わなかった。これまでの経験から、一般の人が消防設備点検の中身に口を出すことは滅多にないと考えていたからである。管理組合Aに「点検は私たちが法定通りに行うので、点検結果報告書に押印していただくこと以外にお手間はとらせません」と説明したところ、案の定、「お任せします」との回答を得た。C社は飛躍的に改善された点検結果を示して、管理組合Aの信任に応えようと考えた。

消防設備点検は、管理会社Cが変更した仕様で実施された。管理組合Aは、点検の通知が配布されたときに初めて点検実施期間が短縮されていることを知った。このことについて説明を求めると、C社は期間を短縮したことで点検費用を削減できたと自信をもって報告した。管理組合Aは、専有住戸内の点検実施数をC社に照会した。C社は、実施できなかったのは遠隔試験がうまく行えない2戸だけであると報告した。報告のしかたに釈然としない管理組合Aが、専用住戸に立ち入ってのスプリンクラーやその周辺の点検と避難器具の点検の実施状況を照会すると、C社は七六パーセントの実施率であると報告した。当該マンションでは、過去の最低記録を著しく下回る実施率の低さである。

管理組合Aは、専有住戸に立ち入っての点検実施率が最低であること、遠隔試験で点検を済ませた専用住戸内のスプリンクラーと避難器具の点検が実施されていないこと、点検費用を下げるために点検の質を下げたこと、これまでの点検期間や点検要領を無断で変更したことなどについて、管理会社Cに苦情を申し入れた。C社は不在住戸が多いためにこのような結果になったと弁明した。これ以降、管理業務の委託先としてのC社の管理能力や信頼性に疑義をもち、これまでC社に示してきた「お任せします」という姿勢を改め、すでに契約している管理業務の計画と実績を毎月説明させることにした。C社は計画書の作成と実績報告書の作成に、少なくない労力を費やさなくてはならないことになった。

管理組合Aは、同じ年に予定されている防火対象物定期点検を、比較検討の意味も含めて、消防設備を専門とするB社に委託した。委託先にお任せという姿勢を改め、B社による点検に立ち会い、自分たちの目でも状況を確認しようとした。

このとき、防火扉が金具で壁に固定されており、作動できない状態になっていることをB社の指摘によって確認した。C社に照会すると「防火扉の誤作動が多く、その度に係員や警備員が確認と復旧に行く手間を省くために行った」と説明した。「万が一の火災時に作動して、避難安全を確保するための防火扉を固定するのは本末転倒である」と管理組合Aが怒りをあらわにすると、C社は「火災はあってはならないことだから起こる可能性は低いと思われるので、誤作動の確認や復旧に費やす手間を省いたほうが費用対効果の向上になる」と応えた。「火災を起こさない対策を講じているのか」との照会に対しても、「火災はあってはならないことだから」と説明し始め、管理組合Aの怒りに油を注いだ。

管理会社Aは、管理業務の委託先の変更を検討し始めた。

問題の分析

発想が偏っていることによる失敗

この事例には、発想の偏りによって失敗するというパターンが盛り込まれている。

管理会社Cは、費用対効果の改善を費用の削減によって実現しようと考えた。しかし、費用の削減と同時に、業務の質を低下させてしまった。効果を数値で測りやすい業務であったため、そのことが顕著に現れた。にもかかわらず、管理組合Aは経費節減を喜ぶだろうと思い込んだ説明をし、逆に、管理組合Aの信頼を失うきっかけをつくった。経費を削減しなくても、業務の質を向上させることによって費用対効果を改善できるという発想は湧かなかった。

業務の効果が数値に現れやすい場合、良い数値を得ることが目的化し、業務の本来の意味を見失ってしまうことがありうる。これも一種の発想の偏りである。管理会社Cは、専有住戸内の消防設備の点検を遠隔試験によって行えば、不在住戸内の点検も可能になり、点検実施率という数値を上げられると発想した。確かに、熱感知器の点検実施率は、数値の上では向上したかのように見える。しかし、専用住戸に立ち入らなければ点検できない熱感知器の熱への応答、スプリンクラーまわり、避難器具まわりの点検の実施率は下がっている。

決め付け型の意思決定による失敗

発想の偏りは、決め付け型の意思決定を併発する。決め付け型の意思決定が発想の偏りによってなされる場合もあるし、決め付け型の意思決定を行ったために、発想が偏る場合もある。

管理会社Cは、管理組合Aが費用対効果に関心をもつことを、経費削減に主たる関心があるものと決め付け、消防設備点検の実施期間や点検要領を変更した。また、点検の期間や要領の変更を管理組合Aと協議する必要はないと決め付け、事前の連絡も怠った。管理組合Aが管理会社Cの想定とは異なる価値判断をし、点検業務の質が低下したと認識することを知ったのは業務の終了後である。

また、「あってはならないこと」を「起こる可能性が低いこと」と解釈し、「起こしてはならないこと」とは考えないことも発想の偏りであり、火災はあってはならないことだから、防火扉を作動しないように固定したのは、決め付け型の意思決定による失敗である。固定されたことにより、防火扉は火災時にも作動できなくなっている。あってはならないことの発生を防ぐことはできないかもしれないが、これらが好ましくない事態を起こさないように備えておくことはできる。あってはならないことというのは、それが起こることを前提として考慮する対象としなくてもよいということではない。

問題の改善に向けて

発想の偏りと決め付け型の意思決定を軽減するために

自分とは異なる考え方や価値判断をする人の意見を聞いて理解しようとすることは、自分の発想の偏りに気付く契機になるであろう。よくわかっている図式にあてはめてものごとを捉える傾向が強すぎると、その図式にあてはめようとするバイアスによって状況を誤認したり、その図式では捉えられない問題を見落としたりする危険性がある。自分とは異なる図式をもつ人と議論することによって、自分の図式を柔軟にできる可能性がある。

この事例では、管理会社Cが点検実施期間の短縮や実施要領の変更について、事前に管理組合に相談していれば、両者の認識の齟齬を業務実施前に認識することができ、管理組合Aが満足する結果を出せる計画を策定する可能性が高くなったであろう。たとえ計画の実施結果が好ましいものでなかったとしても、計画内容についての発注者の合意を事前に得ていることによって、発注者の信頼を失うリスクを軽減できるであろう。

よく言われる「ほうれんそう（報告、連絡、相談の略）」が有効である。

15　社会の仕組みと建築生産の信頼性

構造計算書偽装事件は、わが国の建築生産システムにおいて、幾重もの法制度や業務規範・技術的規範などで確保されているはずの信頼性に、何らかの機能の不全あるいは不十分な状況、すなわち大きな「ほころび」が生じていることを示すものとして大きな衝撃を与えた。では、今日なぜこのようなほころびが発生するようになっているのか？　建築生産に関係する社会制度・規範のなりたちやその運用のされ方にどのような問題が生じているのか？　建築物に期待される安全性、耐用性、耐候性等の基本的な特性を念頭において、これらの特性が適性に実現することの信頼性を確保するための制度・規範の現状と、そのほころびの可能性について検討する。

建築生産プロセスの特性と信頼性に関わる要素

一般的に、ものの生産とは、生産すべき対象の目標となる「ありよう」を明らかにし、それを実現するための手段・手順（「やりよう」）を投入することによって実行される。これらのありようとやりようの適切な計画と確実な実行管理が、期待特性の実現のための重要な要素となる。

建築生産が工業製品などのものづくりと決定的に異なることは、生産対象物、すなわち建築物がいわば「一品生産」であり、生産される建築物のありようとそのプロセスが、他に同じものがない固有なもの、すなわち「一回限り」のものであることである。このため、建築生産プロセスにおける信頼性を確保するためには、建築生産プロセスにおいて「ありよう・やりよう」の計画の適切さがどのように担保されるようになっているのかが決定的に重要である。

ありよう・やりよう計画の構成と規範

建築生産が一品生産で一回限りのものであるといっても、そのためのありよう・やりようの計画が、すべて無から個別に立ち上げられるとは限らない。個々のプロジェクトにおけるありよう・やりよう計画は、各種の技術的規範を参照し、その一部を取り込みながら立案される。

すなわち図1に示すように、個々のプロジェクト計画は、たとえば法令に基づく技術基準など関係する法規範(①)に従ったものでなければならない。各種の規格・標準類や業界慣行などの準規範(②)は、計画を行う者によって参照され、計画の中に取り込まれる。また、計画を行う者の個人的経験や知識(④)が計画に取り込まれ、その一部となることもあるし、〝施工を担当する技能者が当然有している専門的技能・知識によって…〟といった形で計画が組み立てられる場合もある。プロジェクト計画は、プロジェクトの個別の条件に応じて、設計図書や施工計画などとして立案され、最終的には個別の工事の実施に対する固有の規範として機能する。これらは「技術的規範」の体系を構成している。

一方、このようなプロジェクト計画が適切に立案・確定され工事に適用されるよう設計等のプロセスを管理するしくみが、法制度や関係主体間の役割分担に関する規範などの形で用意されている。

図2に示すものは、建築基準法、建築士法、建設業法に基づく、設計・施工プロセスの管理の体系である。有資格の建築士でなければ設計(設計図書の作成)や工事監理(工事が設計図書に適合して行われていることの確認)をしてはならないとする仕組み(建築士

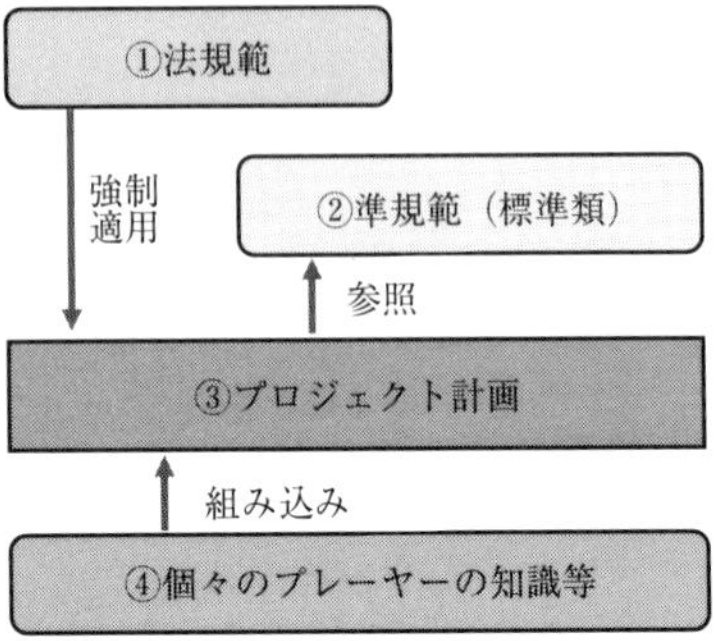

図１　プロジェクト計画と規範

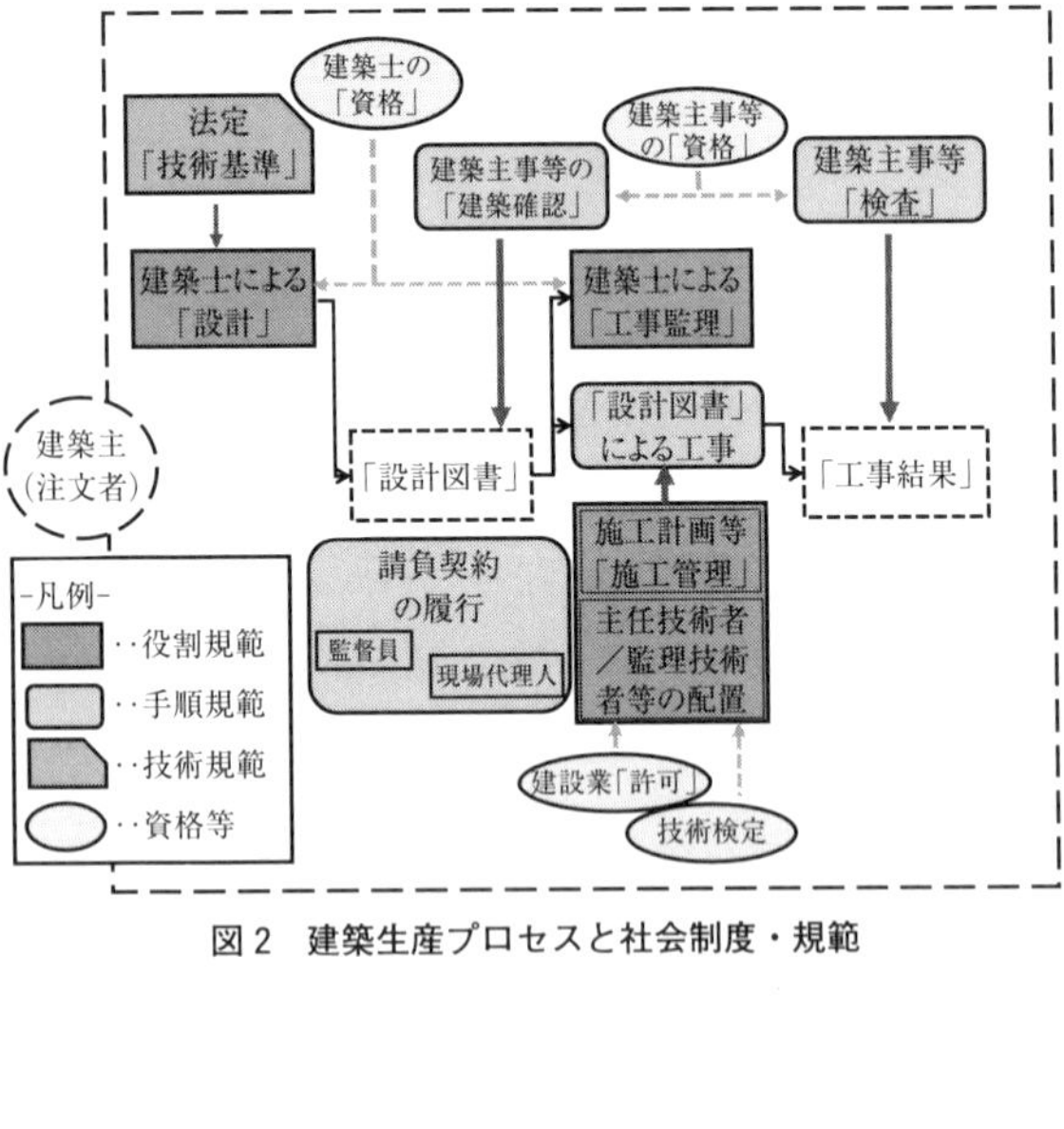

図２　建築生産プロセスと社会制度・規範

法)、設計図書によらない工事の禁止や、建築の計画が安全等に関して法令で定める最低限の技術的基準に適合したものであることを第三者的に審査・確認する建築確認・検査の仕組み(建築基準法)、適正な請負契約に基づく工事の実施や建設業者による適切な建設技術の確保等の仕組み(建設業法)等が制度化され、建築生産プロセスに義務的に適用されることとされている。

また、建築生産プロセスの主たる実行が、発注者たる建築主から、契約を通じて役割を与えられる設計・施工等の専門家・組織によって担われることから、発注者、設計専門家、施工担当組織の役割・責任の分担を定義し運営するための各種の契約規範(標準契約約款等)が作成され、建築生産プロセスに適用されている。これらは「制度的規範」の体系ということができよう。

技術的規範体系による計画の適切性確保の限界

今日、建築において実現を期待される特性の範囲は、安全など基本的なものから、環境、情報等に関する特性まで拡大しており、これらへの対応を含めて、建築生産に適用される技術は高度化・多様化してきている。このため、ありよう・やりよう計画を担当する専門家が扱わなければならない技術的計画の対象範囲と、そのための業務ニーズも飛躍的に増大している。一方で、これらの多様化している技術的事項を扱う設計規準等の技術的規範が数多く策定・提供されており、計画担当者の負担を軽減するとともに、計画の適切性・妥当性の確保を支援している。

しかし、現実の建築生産における技術の適用は、技術的規範が通常カバーしている一般的な適用条件件で処理できる範囲にあるとは限らない。複数の建築要素が複雑に関係しあうインターフェイスや納まり部分、構造安全と環境、情報等、複数の側面にまたがる機能の確保が求められるような建築要素の設計においては、なおさら個別の設計条件が多岐にわたる。

これらの部分については、技術的規範に依存しない個別の計画立案と妥当性の確認が必要となる。新開発技術や高度な技術をプロジェクトに導入しようとする場合には、なおさらである。言い換えれば、これらの部分でありよう・やりよう計画の適切性が担保できず、品質問題等に繋がるリスクが存在する。実際このような個別性の高い部分において、設計や施工計画が不適切であるために、機能不全等の不具合や崩壊等の事故が発生している事例が報告されている。

もう一つのほころびの可能性が、「解」提示型の規範構造にある。今日の多くの技術規範は、試行錯誤の経験や実験・検証等の積み重ねを通じて信頼性を獲得してきた技術的技法・手順等、すなわち「解」を取りまとめたものである。たとえば、鉄筋コンクリート造の柱・梁などの配筋の基準や木造住宅などの壁量基準などがこれにあたるが、これらの「解」には、前提または想定している条件、たとえば床には十分な水平剛性が確保されていること、といったものがあり、その前提条件が満たされる限りにおいて、技術的規範としての有効性・適切性が保証される。もちろん物理的な原理から演繹的に開発されてきた、普遍性のより高い性能検証法などの技術規範もあるが、これらとて、どんな特殊な構法についても、等しく有効性を獲得できるとは限らない。

こうした想定適用範囲を超えて技術規範を適用した場合には、技術論的にはその結果の妥当性は担保されないことは自明である。この前提条件を誤った技術的規範の適用は、期待される特性が実現されない等のリスクをもつこととなる。極端な場合には、法令や技術標準等で明示的に禁止されていないから、規範をどのように解釈・適用しても許容されるはずだとするような実務の姿勢が存在していることが、構造計算書偽装事件を契機とした関係技術規範の適用実態のレビューなどで指摘されるに至っている。

制度的規範体系におけるタテマエと実態の乖離

ありよう・やりよう計画の適切性の確保に影響するもう一つの要因は、計画を実行していく体制の組み立てられ方にあると考えられる。建築生産に関係する今日の制度的規範（法制度、契約規範等）は、ありよう・やりよう計画に投入される技術や知識が、発注者・設計者側に集中され、それらを適用した建築の計画が「設計図書」として統合され、完成された「設計図書」を軸として、施工のための工事請負契約や条件の伝達・指示、建築確認・工事監理等の実行管理が行われるという〝タテマエ〟を軸として組み立てられている。「設計図書の作成」と定義される設計行為は、当然、工事発注のため施工者に「設計図書」が提示される以前に完了されるものと解され、制度的規範上は「設計者」が工事段階で関与する余地は見られない。

しかし、今日の建築生産においては、明治期における近代建築技術の導入期のように、専門的教育を受けた個人の設計専門家によって技術が独占的に保有され、その指導と監督のもとで設計や施工に適用されていた時代とはまったく異なった状況となっている。各種技術の開発や適用の計画・管理等の主導性は、設計担当者のみが独占するのではなく、元請業者、専門工事業者、メーカー等、多様な主体によって〝分担〟されている。

このため、これらの技術に関係するありよう・やりよう計画を、設計者が単独で担うよりも、設計者と他の関係主体が相互に情報をやり取りしながら、協働して計画を進め確定していくことが、より合理的と見られる場合も多く存在する。また、設計者側での設計プロセスにおいても、構造、設備等の専門分化が進み、これまたチームとしての「協働」を通じて設計プロセスを進めることが必至の状況となっている。

問題は、このような「協働」を前提として設計プロセスの進め方や、関係主体の役割・責任を分担する体制を、プロジェクトの個別条件や適用される技術の特性に応じて最適化するための仕組みや規範が、現行の制度・規範に的確に組み込まれているとは言い難いところにある。関係各主体の役割や全体の「統合」および計画された内容の「妥当性確認」の役割・責任の組立てがうまく仕組まれ、その実行が保証されなければ、ありよう・やりよう計画の適切さは容易に損なわれてしまう。こうした役割・責任の空白の発生に起因する品質事故・問題の発生の事例には事欠かない。

今般、旧来の告示一二〇六号を改正した国土交通省告示一五号において、初めて「工事段階における設計」業務の存在を明らかにしたが、工事請負契約上、あるいは設計・監理業務委託契約上、この「工事段階における設計」業務を担う設計関係者とその役割・責任、相互のやりとりのプロセスを、どのように定義し位置づけるべきなのかは、まだその第一段階が提案されはじめたばかりである。

問題の改善に向けて

第一に、技術的規範体系に関しては、標準的な技術的規範の適用のみでは、ありよう・やりよう計画の妥当性を担保できない個別の条件が多い計画要素、たとえば異種要素のインターフェイスや複数の要求性能を両立させる必要がある建築要素などについて、その計画立案と妥当性確認のしかたを経験・勘などに頼るだけでなく、工学的に組み立てていくための仕組みを確立させることが必要である。

当該計画要素において実現が必要な機能・性能特性の明確化、所要特性や施工上の妥当性の評価等について、実効性のある方法・手順の開発・普及が期待される。このためには、設計、施工、資材製造等、従来のセクターの境界を越えて協働する研究開発の体制が必要であると思われる。

また、前述のような「解」提示型の技術規範を適用する場合に、適用範囲を順守することと、上記の個別条件を含む適用範囲外に援用する場合には、「解」の文言的な解釈に頼るのではなく、そもそも何を実現しようとしたのかの「目的・目標」を見出し、それに対する個別「解」の適合性をきちんと検証してから、「解」を設計内容として提案する、という実務姿勢で対応することを確実にするような技術専門家制度や専門家としての業務規範等が必要となるだろう。

第二には、上記の技術的計画の立案、妥当性の確認等を合理的な体制で進めることを可能かつ確実にするための制度的規範の改善である。具体的には、各部の設計を進めるにあたって、最適の役割・責任分担の体制を組み立て、その体制を合理的に運営できるようにするため、プロジェクトの個別条件に応じて、建築主、設計者、施工者、さらにはマネジメントやエンジニアリングコンサルタントなどの参加、役割・責任分担を柔軟に設定することができる契約規範の開発・各種メニューの準備などが有効であると考えられる。

また、関係主体間の多様な役割分担に対応して適切に情報伝達・共有等を図ることができるようにするための設計関係図書、たとえば段階に応じて確定される設計内容を、その段階に応じて提示し伝達するための目的・性能指向型の計画書、仕様書書式などの開発も有力な手段となるだろう。

16 「お墨付き」から製造者責任体制への転換

二〇〇七年に発覚した建材の防耐火性能の偽装は、一社に留まることなく、複数の製造者に波及している。偽装は制度の隙間を突いた反社会的な行為であるが、その一方で、経済原理と技術的整合性の背反に悩む技術者の姿がある。「お上のお墨付き」を基本とする大臣認定制度の問題点を考えてみる。

偽装の概要

建材の防耐火性能

日本の多くの都市のように建物が密集する地域では、一棟で発生した火災が隣棟へ延焼し、さらには街区全体へ燃え広がる懸念がある。そのため、建物の外周部に防火性能を備

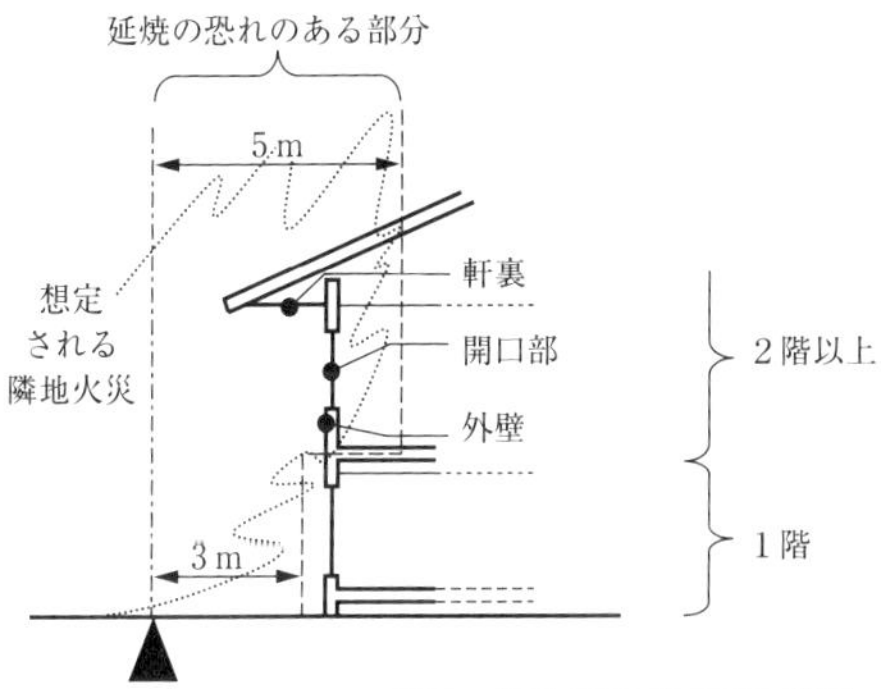

図1　防火性能が必要な部分

え、街区レベルの火災を防止する対策が取られてきた。具体的には図1に示すように、建物のうち隣地境界に近い部分の外壁と、その開口部（窓、扉）および軒裏について、外部からの火災加熱を受けても二〇～六〇分の間は延焼を防止する性能が求められる[1]。個々の建物が防火性能を備えることにより、街区全体の火災を抑止する考え方である。

外壁材等を製造するメーカーは、製品を売り出す前に、実物と同じ試験体を製作して公的機関による試験を受ける[2]。試験に合格すれば、製品仕様のチェックを経て国土交通大臣が防火性能を満たすものとして認定する。大臣認定がなければ製品を売ることができないので、認定取得はメーカーにとっては死活問題となる。

建材の防火性は、実際に火災が起きてからはじめて発揮されるものであり、専門家以外の人が日常時に性能を確かめる方法はない。さらに、以下の事例が示すように、コストや他の性能と相反することもあり、材料開発者は難しい判断を迫られることが多々ある。偽装は反社会的行為であるが、制度そのものに欠陥があり、現場の技術者にしわ寄せが集まっていると考えることもできる。

外装材の水分水増し(3)

ケイ酸カルシウム板は、住宅の軒裏やビルの間仕切り壁に用いられる耐火材の一つである。軒裏に使う場合には、図1に示すように、屋根と外壁の間を塞ぎ、小屋裏への延焼を防ぐことが求められる。偽装が行われた試験体では、ケイ酸カルシウム板に吸水させて、温度上昇が遅くなるように細工していた。その結果、薄い板厚で試験に合格した。しかし、実際に製造される板では、試験体と同じ量の水分を保持できないので、製品の防火性能は試験体よりも劣ってしまう。

サンドイッチパネルの組成改変(4)

サンドイッチパネルは、硬質ウレタンやイソシアヌレート等の有機系断熱材を金属板で挟んだものである。剛性が高いので仕上材としても使うことができ、低コストの外壁材や屋根材としてのニーズが高い。しかし、素材そのままだと激しく燃えるので、防火性が必要な場合には、難燃剤（水酸化アルミニウムなど）を配合して燃焼性を抑えている。偽装が行われたサンドイッチパネルでは、燃焼性試験の試験体に難燃剤を実際よりも多く混入させていた。

樹脂性サッシへの補強材挿入⑸

樹脂製サッシは、アルミ製サッシよりも断熱性に優れ、結露が起こりにくい。そのため、寒冷地の建物によく使われる。一方、防火性については樹脂そのものが燃焼してしまうので、補強材（スチール製の型材）や遮炎材（加熱されると発泡して隙間を塞ぐ材料）を入れておくのが一般的である。偽装が行われた樹脂性サッシでは、補強材と遮炎材を大量に使用して試験に合格したが、大臣認定の申請書では、補強材と遮炎材を少ないものにすり替えていた。さらに、量産品ではガラスの止め付け方法を簡易なものに変更していた。加熱時にガラスを脱落させないことが防火性の第一目標であることを考えると、性能の根本に関わる改変であった。

偽装の背景に見えるもの

認定の仕組み

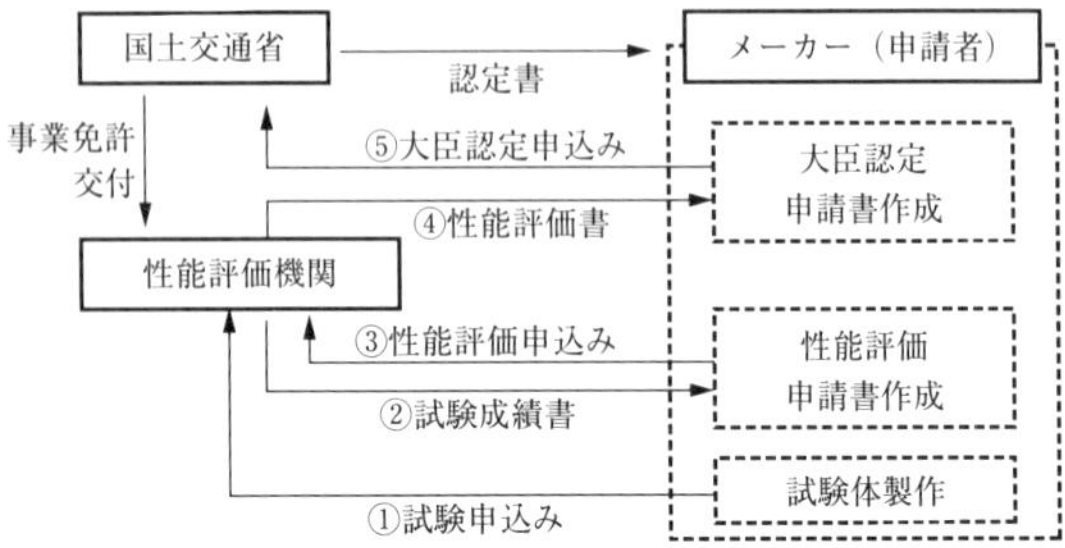

図2　大臣認定の手順

メーカーが製品の大臣認定を取得するための手続きを、図2に示す。法律上は国土交通大臣が製品を認定するのであるが、試験と技術的検討（評価）は大臣が認可した性能評価機関が行う。まず初めに、①メーカーは試験体を製作し、試験を申し込む。②申込みを受けた性能評価機関は、試験を実施して試験成績書を交付する。③試験に合格している場合には、製品仕様や組立て方法を説明する文書をメーカーが作成して性能評価を申し込む。④性能評価機関は、技術的内容の妥当性を審査し、評価書をメーカーに交付する。⑤メーカーは、性能評価機関から交付された評価書を添付して、国土交通大臣の認定を申請する。

性能評価機関による試験と性能評価は厳正に行われており、ネジ釘の寸法まで記載内容を確かめることもある。しかしながら、メーカーしか知り得ない情報については、基本的にはメーカーの申告に基づいて内容を審査することになる。たとえば、使用する材料の成分組成はメーカーしかわからないし、企業秘密が含まれることもある。高度な分析装置を使って、相当な時間と費用を掛けるのであれば、成分組成に遡ってチェックすることは可能であるが、コスト的には現実的ではない。そのため、メーカーの申告を信用して審査を進めざるを得ない部分はどうしても残る。一連の耐火偽装は、この点を突いたものである。試験体は製品と同じもの、あるいは製品を正しく代表するサンプルでなければならないという不文律が破られても、審査側は気付くことができなかった。

製造販売段階では、JIS（日本工業規格）やJAS（日本農林規格）に従って品質管理が行われる。これらの規格は、工業製品あるいは林産製品としての品質全般を管理するものであって、防火性能に関する記述は希薄なものが多い。また、新開発の材料では、規格そのものが存在せず、認定された製品の実態はあまりよくわかっていない。悪意がなくとも、知らないうちに認定された製品と量産される製品が異なってしまうことも起こりやすい。

技術者が置かれていた環境

偽装が発覚した製品の開発においては、競合品との熾烈な競争があった。他社製品とのコスト競争や差別化により、「売れる商品」を持つことが企業の戦略としては当然である。建材は大量生産品なので、わずかでも単価を下げられれば経済的効果は大きい。

製品開発においては、経営戦略に従って開発する商品が決定され、技術チームに開発が命じられるのが一般的である。製品の実現が技術的に難しい場合には、技術チームには大きなプレッシャーが加わる。「どんなモノでも何でも作ります」というのは、技術屋の誇りとしては格好いいが、作れない場合に作れないと素直に言うのは実に難しい。偽装例の一つでは、「私が責任を取るから、とにかく認定を取りなさい」という経営陣の指示を受けて、技術者が偽装に手を染めた顛末の一部も報告されている。経営方針の前には、技術的整合性は無力であった。

偽装発生の要因にみられる問題点

以上で紹介した三件の偽装では、製造者が嘘をつかないことを前提にした制度の裏をかいて偽装が実行された。同時に、偽装に直接関わった技術者は、好んで偽装を行ったわけではなく、経営方針の圧力の下にやむを得ず行ったことが垣間見える。経営者が過度に利潤を追求する環境の下では、類似の事件が形を変えて再生される可能性がある。以下では、将来起こるかもしれない架空の事例を元に、改善策を考えてみる。

架空事例／エコマテリアルの開発

建材メーカーの開発部門の技術者であるAさんは、上司の命令を受けて新建材の開発に携わることになった。計画されている建材は、断熱性に優れ、炭酸ガスの排出量も少なく、地球環境保護に寄与するエコマテリアルを目指すものであった。試行錯誤の結果、断熱性と低炭素性についてはなんとかクリアできる見込みがあり、商品化の提案を行った。経営陣の了解が得られ、研究は実用化段階に進み、Aさんは喜々として開発に専念した。

実用化の最終段階で、開発中の建材は防火基準を満たす必要があることに気付いた。取り急ぎ行った防火試験結果によると、基準を満たすことは難しかった。もし、防火基準を満たすように材料設計をやり直すと、肝心の断熱性が低下してしまい、市場競争力を失う恐れもある。時すでに遅く、社内では製造プラントを発注し、大臣認定が出た段階で量産する態勢を整えていた。これまでの投資額は、すでに相当な額にのぼっていた。

Aさんは悩んだ末に上司に相談し、防火基準を満たすことは難しい旨を伝えた。上司としても多額の投資を回収できないとすれば責任問題が発生すると思い、試験体を偽装してもよいから、防火認定を取得するようにAさんに命令した。Aさんは、これまで世話になってきた上司の命令でもあるので、やむなく試験体の偽装を行って認定を取得した。認定試験における試験体のチェックは厳しくなっていたが、チェックの裏をかくのは容易であった。

事例に見られる問題点

商品化へのゴーサインが出たあとで、開発を止めるのはきわめて難しい。担当者の責任で解決させようとすると、結局のところ偽装を生み続けることになる。

改善の方向性・アイデア

大臣認定の「お墨付き」を取得すれば、その後はどうなってもよいという技術環境に、偽装を生む原因があると考えると、改善の方向性が見えてくる。

米国発祥のULマーク制度は、市場原理を利用した品質保証システムである。ULとは、保険引受人協会が設立した技術部門であり、独自の試験システムを運用して製品の性能審査と品質管理態勢のチェックを一体的に運用している。[6]

ULが認証した製品は、リスティング（性能を満たす製品のカタログ）に掲載され、製品にULマークを表示することが許可される。建築主事などの公的機関は、ULの認証があれば詳細審査を省略することが多く、ULが認証しない製品は、米国市場では生き残れないといっても過言ではない。そのため、製品メーカーは費用負担にもかかわらず、ULの認証を受けることになる。

申込みを受けると、ULは製品の性能を確認する試験を行うとともに、エンジニアを製造所に派遣して、製品製造と品質管理の検査を行う。認証後も四カ月に一回以上の頻度で製造現場を抜き打ちで検査し、問題があれば認証を取り消す権利をULが保有している。認証システムの運用で不正があれば、ULそのものが社会的信用を失うので、検査は厳格である。検査を受ける側は、抜き打ち検査条項に同意しているので、常に品質管理を徹底することになる。その結果、良いモノが生き残っていく仕組みである。

経済統合を果たしたEUでは、製品の技術基準を統合して、各国の製品が域内で自由に流通することを目指している。CEマーキングはそのために編み出された制度である[7]。

欧州市場での販売を目指す製造者は、自社の製品が基準に適合することを証明する技術文書を自ら作成し、適合した製品にCEマークを表示する。CEマーク表示のある製品は、欧州各国の市場での流通が許可され、製造者は基準に適合する責任を自ら負う。言ってみれば市場との契約であり、基準に適合しなければ、消費者や競合他社からの告発を受けて欧州市場から退場させられる可能性もある。日本の「お上のお墨付き」とはまったく逆の発想であり、製造者責任を基本とする制度であれば、プレーヤーはしっかりやらざるを得ないのである。

［参考文献］

（1）建築基準法第二三条および同施行令一〇八条等の規定による。
（2）「わかりやすい耐火試験シリーズ　防火設備の遮炎性能試験」（財）日本建築総合試験所
（3）国土交通省発表資料　http://www.mlit.go.jp/、二〇〇七年十月三〇日、十一月一九日
（4）東洋ゴム工業（株）、社内調査委員会報告書、二〇〇七年十二月二六日　ホームページ掲載版
（5）（株）エクセルシャノン、防火用樹脂サッシに係る不正問題に関する調査結果および再発防止策について、二〇〇九年三月二六日
（6）アンダーライターズ・ラボラトリーズホームページ　http://www.ul.com/
（7）Council Directive 89/106/EEC of 21 December 1988 on the approximation of laws, regulations and administrative provisions of the Member States relating to construction products

17　建築技術者の生き甲斐と制度

平成十年の建築基準法の改正は、性能規定化をめざしたもので、仕様規定に縛られない施主・設計者の自由度を増すことが期待されたものであった。平成十二年六月の性能規定の施行以降、この制度変革により、もちろん、性能規定化を活用した自由な設計というメリットを生み出している例も増えてきたが、設計内容の変化にとどまらず、設計者組織にもいくつかの変化をもたらしている。特に防火技術者の職能と職場環境の変化について事例を観察し、問題点を明らかにしてみたい。

性能規定化以前の事例と以後の事例

防火技術者の仕事の内容の変化をみるため、以下では、性能規定化以前の事例と以後の事例を取り上げ比較してみよう。

性能規定化以前の事例

ある大手建設会社の設計部で、大型複合商業施設の設計が開始された。意匠設計の甲がプロジェクト・リーダーとなり、設計が進められた。施主の希望もあり、一階ロビー空間から見上げると、各階の売場の雰囲気が感じられるようにし、買物客を上階へ誘導するため、建物中央部分に六層にわたる大きな吹き抜け空間をとるという設計案が固まってきた。しかし、この案では、各階で層間区画するという事務所建築のような防火区画の概念では対応できないので、計画の比較的早い時期に、技術研究所の防火専門家である乙が設計グループに加わることとなった。

防火専門の立場から、乙は当初、吹き抜けを三層までとし、吹き抜けを一つの防火区画とする案を提案した。法規に抵触しないぎりぎりの方法であった。また、吹き抜けの手すり部分に防火シャッターを降ろす案であった。ところが、オープンな吹き抜け空間とすることが意匠のポイントであること、六層まで視線を届かせることが売上げ効果をもつことをリーダーの甲は説明し、乙の案は受け入れられなかった。

乙は、法規に抵触しないためには乙の案しかないこと、法規に抵触してもやろうというのであれば、三八条の大臣認定による方法しかないと説明した。施主も交えた協議の末、時間を要するが、三八条の大臣認定による方法をとることになった。

乙は、当時はこれほど大きな吹き抜けは日本ではなかったので、若干不安になったが、火災時の煙伝播を数値計算し、上階の避難が煙到達以前に完了できていることを立証して、認定を受けようと考えた。うまい計算結果になるか不安もあったが、新しい技術を作っていくという技術者としての嬉しさもあった。

建築研究所で開発した計算モデルを使って、低層階で出火した場合の吹き抜けを介した煙温度・煙伝播をシミュレートする計算プログラムを作った。プログラムのバグをつぶし一応の目処がたったところで、吹き抜けの形状が単純な直方体ではない設計案になり、既存のモデルではどう数値計算すべきか迷うことになった。建築研究所の研究者Tと何度か相談することで、不整形な空間での計算方式を共同開発することにもなった。これが後に乙の博士論文ともなった。乙としては、仕事の中で技術者・研究者としての生き甲斐を感じることができた。

時間に追われる中ではあったが、煙温度・煙伝播の数値計算ができた。一部、煙の伝播の早い六階部分では、甲と相談しながら、別ルートの避難経路を確保し、どの階でも煙伝播以前に避難が完了できるという結果を得ることができた。

その後、建築センターでの防災性能評定委員会での審査を経て、大臣認定を受けることができた。乙にとって嬉しかったのは、意匠設計の甲が「仕様規定にそった設計ではできなかった新しい空間をデザインできた」と喜んでくれたことと、施主の企画担当者が「購買客を誘引する新たな商業空間ができた」と言ってくれたことであった。自分が長年取り組んできた防災技術が、安全を確保すると同時に、デザインや商業の面にも貢献できたことで、防災専門家としての能力が発揮できた喜びを感じた。

性能規定化以後の事例

最近、防火技術者の乙の仕事は、空調設備の設計の仕事が多く、意匠設計者と一緒になって、防災計画と意匠設計との整合性を検討する機会が少なくなった。

かつて大きな吹き抜け空間を持つ大規模商業施設の設計のとき、三八条認定のために、一緒になって仕事をした意匠設計の甲が、独立事務所開設のため退社してしまった。

その後、意匠設計の丙から、高層事務所建築の防災計画の支援を頼まれたことがあった。このとき、低層部がＳＯＨＯ的な空間となるため、避難安全性を考え「防災計画指針」に基づく避難計算をした。若干、階避難時間が長いので、自然排煙ではなく機械排煙とする提案を作成した。しかし、一カ月ほどしてから、設計部の丙から、ルートBの計算をしたら、若干の手直しで、排煙をしなくてもすむということになったので、コストのことも考え、ルートBの避難安全検証法を使うこととなったという報告があった。その説明資料を見ると、たしかに計算上は排煙をとらなくても避難安全は検証できていることになっていた。しかし、防火が専門の乙からすると、階段扉直前に職員食堂厨房の出入口があり、火災早期に、ここからの火煙の噴出があると、排煙なしでは避難失敗の危険性が高い。この点をメモに書いて設計部の丙に送ったが、「ナンクセ」をつけたように受け取られたらしく、それ以来、丙からは連絡がない。

最近、設計部ではルートBを使って排煙をできるだけしない案を作成しているという。設計部のほうでは、頑固でうるさい防火技術者に頼まなくとも、ルートBの計算ソフトとバイトのスタッフで、簡単に排煙設備のコストが落とせると言っているということである。

問題の改善に向けて

上記の二つの事例を比較して、最初に言及しておかなければならないのは、法規制に適合しているということと、よい建築を創り出すということの微妙な差異である。建築基準法は、最低限の基準を定めたもので、基準を満たしていればよいというものではなく、基準を満たしていなければ悪いという性格のものである。したがって、よい建築であるか否かは、施主と設計者の判断にかかっているのである。上記の例では、ルートBに適合しているからよいのではなく、ルートBに適合しているから違法でないということである。設計者も施主も、法適合で満足するという考え方を改めるべき時代になっている。また、そうした理解を普及させるような建設行政が必要である。

上記の事例で、より大切な問題として取り上げたいのは、防火技術者の生き甲斐の問題である。そのためには、法適合で満足する思考から施主・設計者が脱却することが必要だが、設計組織にあっても、改善すべきことがある。

最近の経済環境下での低コスト志向自体は悪いことではない。しかし、低コストだからよいということにはならない。ルートBで計算して、排煙設備をなくして、建設費やメンテナンス費を減少したというだけで、よい建築を設計したことにはならない。

安全が高い水準で確保されているということは、削減したコスト以上に価値がある場合がある。このような価値を施主に理解してもらうためには、高い安全性能という「高品質」を建築の価値として有していること、そうした価値を生み出すため防火技術者が活動していることを、設計組織は、組織内のスタッフをはじめ、施主や一般人に理解してもらう工夫が必要だろう。そうした社会的な理解のもとで、優れた技術に打ち込む技術者に生き甲斐が生まれてくるのである。

また、性能規定化という法改正作業では、多くの検討が精力的になされた。この際、技術的な妥当性への配慮は徹底してなされたが、実際の建築を創り出す人々が活動する場面で、建築関係者の一人一人が生き甲斐をもってあたれるかどうかといった点までの配慮ができたかどうかについては、十分でなかったといえよう。そうした観点から、規制等の変更においては、技術者の生き甲斐をはじめとする、建築関係者への配慮が必要だろう。

18 制度変遷と歴史からの検証

「まちづくり」という言葉が氾濫している。これまで街はつくられてこなかったかのようである。昭和二〇年、終戦直後に構想され、現在まで継続している教育施設に公民館がある。その六〇年の系譜をみると、公民館の始まりと現在のまちづくり施策には類似性があるように思える。これを検証してみることから、建築の文化と法制度についで考えてみよう。

「公民館」が「まちづくり協議会」に発展

開花した文明が一時の戦争で廃墟となる。そこからの復興で新たな「まちづくり」が始まる。日本では一九四五年に先の戦争が終わり、荒廃した郷土を立て直す志のもとに公民館構想が提起され、草の根のように全国に広まった。公民館を構想し普及させた人たちの群像は、いまだ語り継がれている。建築の世界では、池辺陽が「生活と住居」（一九四八年）で公民館試案を発表、建築文化連盟の公民館研究、遠藤新の自由学園での取り組み、佐野利器が委員長を務めた全国優良公民館顕彰委員会などが記録に残っている。

いずれも、熱い思いと「まちづくり」「まちおこし」の起爆として公民館の建設を試行したものである。

一例を挙げる。「鉄の都」といわれ、製鉄と軍需産業で発展した都市が、敗戦間近の一九四四年に爆撃を受け、市街地の大部分を消失し、焼け野原となってしまった。

一九四六年の第一回公選市長選挙で選ばれた市長は、大学で土木工学を専攻し、都市計画に対して知識と興味をもっていた。アメリカを視察するなどして「モデル工業都市の策定」を行い、近代都市づくりを実行した。特に幼児教育、青少年運動、公民館・図書館・美術館等、機能別社会教育施設の建設に力を注いだ。市民の意識は高まり、青年団、婦人会、文化団体などが協働して市民館建設運動が起こった。議会に市民館建設要望書が出され、市民館建築計画が了承された。

この構想は、一九四六年文部次官通牒として出された「公民館設置運営要綱」と類似することから、市民館建設への国庫補助を要請した。文部省はこれを認め、市民館は公民館として建設されることとなった。計画段階から中学校区を圏域単位としたコミュニティ総合教育が志向され、公民館、幼稚園、児童公園を併設する施設づくりが推進された。専従職員を四名配置し、館長はコミュニティオーガニゼーションワーカー、職員はグループワーカーという役割とした。一九五九年、公民館設置基準が文部省告示として出されるまでの国会審議の中で、この市長は公述人として発言し、社会教育への国庫補助の必要、公民館の専門職員必置を訴えた。この要求は国の方針とはならなかったが、市長の構想による公民館整備は、この市の独自方式として確立していった。

やがてこの市長も引退し、後年、市町村合併がおこったが、この市の方式が合併後の全市に浸透することはなかった。新市としては、設定コミュニティ圏域に一館の公民館配置を実現することが当面の課題となったためである。

制度の変遷と地域の変容によって、日本の公民館は以下のように推移していった。

一、社会教育法制定（一九四九年）以前は、憲法と教育基本法にもとづく教育の刷新、民主主義の啓蒙と地域の復興を目指す。

二、昭和の市町村合併以前（一九五〇年代）は、公民館建築建設期で、各市町村単位での公民館建設が進行し、設置率八〇パーセントとなる。
三、昭和の市町村合併後の地域施設再編時代（一九六〇年代）は、主事の配置や公民館施設の充実が進む。
四、都市公民館の台頭と「新しい公民館」づくりの機運が生まれた一九七〇年代には、コミュニティセンターが「コミセン」と呼ばれて公民館欠落地域に登場する。
五、一九八〇年～九〇年代は、行政改革と生涯学習政策のもとで、公民館の統廃合が起こるなかで、存続する公民館の整備が進む。
六、平成の市町村大合併が進められた二〇〇〇年代は、施設の管理運営業務の民間委託が始まり、指定管理者が登場し、経費削減のための地域施設の統廃合が進む。
このような過程を経て、事例にあげた市においても高齢化が進み、地域ごとにきめ細かく対応するための福祉施設が必要となった。この地域課題解決は、公民館に併設する市民福祉センターが担うということで進められた。二つの施設の看板が、一つの建物にかけられた。市民からは、施設内容がわかりにくいという改善要求が出され、二枚看板をやめて「市民センター」という名称に統一された。つまり、公民館と福祉センターが合体した市民センターの登場である。

市民センターでは、公民館で行っていた事業も福祉センターで行ってきた事業も継続されたが、公民館条例は廃止された。やがて市民センターに、今度は「まちづくり協議会」が設置され、市民センターの管理運営を市から委託されることとなった。

この市では、まちづくり協議会の構想として「地域住民相互の連帯感と自治意識の高揚を図るとともに、地域共通の課題の解決に努め、ふれあいのある心豊かな地域社会づくりを行うことを目的とします」「地域住民が、地域課題を自ら考え解決するため、地域が一体となった住民主体の地域づくり活動を行います」という言葉が並んでいる。

二〇〇八年度には、地域ごとの事業別補助金一三項目を一本化した地域総括補助金を、まちづくり協議会に交付することとなった。

まちづくり協議会では、市民センター活動への住民参加を呼びかけるとともに、これまで公民館活動で培ってきたノウハウをつぎ込んだ。運営にかかわる人材も、かつての公民館活動で育った地域住民から輩出した。子育て支援やリーダー養成、住民自治組織の運営など、かつての公民館から継続している活動は多い。

制度の変遷と公民館の滅失

まちづくりの始源を忘れる

工業都市として発展したこの市の戦後復興計画は、市民館を中心にした社会教育施設計画が基本であった。この公民館構想は、都市公民館の先駆的事例である。まちづくりの始まりは住民が集うこと、自由なたまり場が求められる。しかし、集まっただけの住民には、まちづくりをする技術も権限もない。行政の下請をするだけになってしまう。そこから住民自治の組織と活動を生み出していくために、この市ではコミュニティに専門職員を配置した公民館を設置し機能させることが有効であったことになる。

都市は変貌していく。機能別に施設をつくっていく。行政の縦割りが地域にそのまま降りてきて多種多様な公共建築が乱立する。そこで、市町村合併や施設の統廃合による合理化がなされる。その都度、コミュニティの基盤となる施設は変貌する。そして、専門職員も合理化とともに職を失い、その職員とともに蓄積されてきた地域活動も失われた。

制度の変遷が根本を変える

制度の変遷とともに、コミュニティの基幹施設の名称が変わる。名は体をあらわすことになるのだが、公民館、市民館、地区センター、コミュニティセンターのどこが違うかといって、明確な定義が法律上なされているわけではない。新しい公共事業の創出とともに、地域施設は乱立してきた。また、その配置も計画的なものは少なく、住民要求の強弱や政治力が優先してきたことは否めない。地域環境整備という観点からは、雑な公共施設配置ということになる。

公民館が当初掲げていた学校区等、一定対象圏域を定めて網羅的に施設を配置していくという設置基準も改訂され、対象圏は特定されないこととなった。このことにより、コミュニティの基幹となるべき施設の姿はますます混迷を深めている。

現在、「まちづくり交付金」「まちづくり協議会」「まちづくりセンター」などの制度ができている。耳に新しい制度に飛びつき、助成金目当ての政策を展開する地方都市は多いが、まちづくりの基本計画が策定されていないままの、暗中模索の制度導入には問題が多い。ましてやそれに乗っかっただけの施設計画となっては、税金の無駄遣いとなってしまう。

歴史に学ぶことを忘れる

草創期の公民館は、村おこし、町づくりの理想を掲げていた。それぞれの地域での自由な構想が求められた。これは現在、各地のまちづくり構想と類似するところであり、この点においては、公民館が先駆性をもっていたことがわかる。

また、その展開過程には、法制度の中で公民館を位置づける、つまり法律的根拠をもった施設として国庫補助を受け、存立を保障された施設としての役割と存在価値を評価することがみられる。法制化は、施設内容の標準化・画一化をつくりだし硬直化する。地域自治の組織そのものであった公民館、青年学級や社会教育講座が主体となった時期の公民館、急激な社会構造の変化に対応するために住民のたまり場を志向した都市型公民館、生涯学習社会への移行とともに、各種学習活動の支援施設となった公民館、そしてまちづくりの拠点となる公民館というように、新しい地域振興制度が生まれるごとに、新しい施設像を形成してきたのが公民館である。この点においても公民館は、地域施設としての先駆性をもっている。

にもかかわらず、戦後間もないころに建てられた旧式の建物というイメージをもっている世代によって、過去に葬り去られようとしている。公民館という制度がつくってきた地域文化を評価する視点が、これからの施設づくりの作業の中で忘れ去られている。

問題改善に向けて

目的の認識

まちづくりというと、住民全員の利益につながる事業のようにとらえられ、賛同することが当然という意識が生まれてくる。しかし、そもそもまちづくりとは、という本質にかえって見つめ直すことが必要である。何もないところに新しくつくる町であれば、マスタープランから始まり、インフラを整備していく事業がある。

一方、すでに人が住み、生活が営まれている街では、まちづくりとは何をつくることなのか、まちづくり事業の目的が問われなければならない。地域課題を解決する手段としてのまちづくりに利害関係はつきもので、「快適なまちづくり」「バリアフリーのまちづくり」などのように、あいまいな目標だけでは問題を解決する具体的方策は出てこない。どのような街にするのかという目的を掲げ、具体的目標のもとに事業展開する道筋を示し、当事者が共通認識をもつことが必要である。

あえて「まちづくり」と表記したのには、そのまちづくりが住民主体であり、それまでの行政主体の都市計画とは一線を画すためのものである、とこの言葉を好んで使った都市計画家田村明は語っている。コミュニティづくりは、長いスパンで継続していくものである。一時の為政者や建築家のためにつくられた制度ではないはずである。住民主体の街、地域を維持していくことを担保するための制度が、本来の姿である。

制度による保証

地域の子供たちの遊び場として使われていた空き地が、急に使用禁止になることがある。土地所有者の都合によるもので致し方ない。しかし、この空き地が「公共空間として地域住民の利用に供するもの」として条例等で制度化されていれば、話は別である。所有者といえども、勝手に閉鎖することはできない。このようなことを考えれば、公民館が法的根拠をもって設置されていることの意義は大きい。地域に法的根拠をもって制度化されている公共空間や集会施設、学習施設があることは、その地域、その国の文化といえるものである。

公民館の先駆性に学ぶ

自由な構想から住民がつくる公民館がたどってきた道を、ここで示した事例の「まちづくり」構想に重ねてみると、まだ啓蒙の段階である。地域で現在でも生き生きと活動している公民館をみると、そこには活動を支えている人たちの姿が鮮明である。事業を企画する人、活動を推進する人たちがいて、そのような人材が再生産されている。これは公民館の専門職員制度、学習カリキュラムや活動組織の伝承によって培われた地域力、地域文化であり、一朝一夕にしてできたものではない。また、画一的なマニュアルでできたものでもない。各地域で存在感を示している公民館から、まちづくりの方策を学習し、類似する個別問題に適応することで、見えてくるものがある。歴史に学んで、当面する問題を検証してみることから道がひらける。

変わらないのは、それを管理運営する人の役割の重要性である。コミュニティを組織し活動を推進していくための人材育成が必要となる。地域を担う人材育成を、地域で行うことそのものが地域文化となる。従前からの地域文化が継承されている成熟した地域社会では、基幹施設の名称変更が、コミュニティ文化そのものを変えることにはならない。施設は地域文化を支える道具でしかない。施設名称にこだわりすぎることなく、コミュニティの基幹となる施設という枠組を確保すること、それは地域の社会資本として基幹施設を認識することである。

公民館の系譜には、時代に即しているだけでなく、対象圏域それぞれの地域文化の成熟度にかかわって形成された施設像がある。公民館の始まりと現在のまちづくりには、「まちづくりは人づくり、人づくりはまちづくり」という類似性があるように思える。既設公民館は、制度と建物を持って全国に存在している。社会的、文化的インフラストラクチャーとして再認識し、まちづくりに活用できるものである。地域施設再編成に有効な資源として、公民館をはじめとする既存地域施設を活用することが、継続したまちづくり、持続する地域社会につながる。

あとがき

電車に乗ると、一心不乱に携帯メールと格闘している人の何と多いことか。小学校では友達と外で遊ぶことが少なくなったために、「みんな一緒に外で遊ぶこと」が宿題になるご時勢である。大学の研究室では、隣の人と昼食の約束をするのにパソコンメールでやっている。親子でさえも、会話や電話でなく携帯メールで馬鹿丁寧な言葉か突っ慳貪な言葉で交信している。

考えてみれば、世の中話し合う機会がずいぶんと減ってきたように思う。人の顔を見て意思疎通をはかることも少なくなったように思う。要するに、意思を直接伝達するトレーニングの機会が、日常生活の中で消え去りつつあるように思える。

その結果の現われといっては極論過ぎるが、本書で示された事例には、使う側と発注者と設計者がうまく意思疎通できていない事例、同じ設計者組織の中で、意匠・構造・設備等の専門分野間でのコミュニケーションを欠いた事例、設計・施工それぞれのチームにおける重層下請構造の下で情報が届かない・不正確に伝わる事例など、仕事の段取りや協議がうまくできていなかったり、情報の送り手と受け手に、その伝達能力や理解力に差があることによって生ずる問題が記述されている。

そして、問題の本質は次のようなことであった。①技術者倫理と組織・経済優先の論理のバランスの欠如を解消することができない、②他者への配慮、それぞれの立場の尊重が不十分、③情報が開示されていないことによる目標・目的の齟齬・無理解、④一方的・片務的な関係を調整すること、⑤無知・無意識な行動原理を修正すること、⑥・人よがり・独善的な意思決定を調整すること、⑦プロジェクト全体を統合する／マネジメントすること。

この種の問題をもう少し丁寧に考えてみると、次のようなことではないだろうか。すなわち、建設活動が多様化、分業化、複雑化する中で、組織、制度、専門家などの間でさまざまな不整合、齟齬、誤解、不満などが生じており、その一部を伝統的には話し合い、意思疎通によって解消してきたが、話し合い・意思疎通の能力を超える技術の進歩、分業化の進展、環境の変化があり、また、話し合い・意思疎通の能力の低下が顕在化してきたため、別の手段、方法が求められるようになってきたのではないか。これをいたずらに「…はいけない」「…すべきである」等の過去の価値観や制度に依存した主張をするだけでは、現状は改善されることなく、不整合、齟齬、誤解、不満が継続されるだけとなる。

必要なことは、「話し合い・意思疎通の能力を超える技術の進歩、分業化の進展、環境の変化」に対しては、新しい価値観、統合の理念、役割の創出が必要であり、また、「話し合い・意思疎通の能力の低下」に対しては、ものづくりの原点に立ち返った意思伝達のトレーニングと伝達補助手段の開発が求められる。本書で暗に主張しているのは、そのような新しい価値観、統合の理念、役割の創出であり、また、ものづくりの原点に立ち返った意思伝達のトレーニングと伝達補助手段の開発である。


あまり大きなことを言い過ぎてもむなしいが、間違いなく言えることは、われわれは人口減少時代に突入しており、そこはわれわれの経験したことのない時代である。そして、失敗してもとり返しのチャンスがあった時代から、失敗が許されず、確実な実施が求められる時代へと突入したと観念しなければならないことである。

ものづくりの原点は、話し合うこと、他者に配慮して自らの最善を尽くすこと、それを他者が感じ取り褒めること、そして関与者がやりがいを感じ、応分の負担と応分の利益を享受することにある。そのための改善策を18の問題事象を取り上げて提案した。まだ、問題の構造化自体、不十分な状況にあるが、このような「建築のあり方学」が分野横断的に広がっていくことを期待したい。

青木義次・古阪秀三

□建築のあり方研究会

青木義次（6章、8章、17章）
東京工業大学大学院理工学研究科教授

浅野平八（3章、7章、11章、18章）
日本大学生産工学部教授

原田和典（5章、13章、16章）
京都大学大学院工学研究科准教授

平野吉信（15章）
広島大学大学院工学研究科教授

藤井晴行（9章、10章、14章）
東京工業大学大学院理工学研究科准教授

布野修司（4章）
滋賀県立大学環境科学部教授

古阪秀三（1章、2章、12章）
京都大学大学院工学研究科准教授

建築の営みを問う18章

2010年4月10日　第1版第1刷発行

編　著　建築のあり方研究会©
発行者　関谷　勉
発行所　株式会社　井上書院
東京都文京区湯島2-17-15　斎藤ビル
電話（03）5689-5481　FAX（03）5689-5483
http://www.inoueshoin.co.jp/
装　幀　株式会社クリエイティブ・コンセプト
印刷所　美研プリンティング株式会社
製本所　誠製本株式会社

ISBN 978-4-7530-2565-7　C3052　Printed in Japan